像叶圣陶那样做老师系列

蒋玉红 ● 著

操场悟语

苏州大学出版社
Soochow University Press

图书在版编目(CIP)数据

操场悟语/蒋玉红著. —苏州:苏州大学出版社,
2015.6
　(像叶圣陶那样做老师系列)
　ISBN 978-7-5672-1355-5

Ⅰ.①操… Ⅱ.①蒋… Ⅲ.①体育课-教学研究-中学 Ⅳ.①G633.962

中国版本图书馆 CIP 数据核字(2015)第 124686 号

书　　名	操场悟语
著　　者	蒋玉红
责任编辑	史创新
装帧设计	刘　俊
出版发行	苏州大学出版社
社　　址	苏州市十梓街1号　邮编:215006
印　　装	苏州工业园区美柯乐制版印务有限责任公司
开　　本	787mm×960mm　1/16　印张:15.5　字数:236千
版　　次	2015年6月第1版
印　　次	2015年6月第1次印刷
书　　号	ISBN 978-7-5672-1355-5
定　　价	30.00元

苏州大学版图书若有印装错误,本社负责调换
苏州大学出版社营销部　电话:0512-65225020
苏州大学出版社网址 http://www.sudapress.com

自序
PREFACE

操场,一个洒满阳光的地方。春夏秋冬,永远弥散着青春的味道,演绎着生命的律动。

操场,一个孩子们向往的地方。放飞心情,挥洒汗水,收获友谊,留下一个又一个人生的印记。

操场,一个体育教师播种情怀的地方。寒来暑往,平凡中始终守护着那份纯真与直率,即使岁月蹉跎了容颜,精神却永远年轻。

从教二十多年,作为一名体育老师,我会常常问自己一个问题:我要教给学生什么?我的学生从我这里能带走什么?

毋庸置疑,我要教给学生体育的基本知识和技能,培养学生良好的体育习惯,让他们拥有健康的体质。我的学生通过我的体育课,会跑、会跳,还能让篮球、排球或足球等成为他们终身锻炼的技能。

我问我自己:难道这些就够了吗?

我的回答是:不!远远不够!

通过我的课堂,我不仅要发展他们的体能,提高他们的技能,培养他们终身锻炼的习惯,更要培育他们吃苦耐劳、遵纪守法、积极进取、合作共赢、遵循规律的品质,追求坦荡开放、光明磊落的道德操守,我希望我的学生是灵动的、智慧的、阳光的,拥有健康的人格。

通过我的课堂,我要让我的学生能从我这里带走友善、独立、自信、责任心、抗挫折等品质,使他们的未来有和谐的人际关系、良好的社会适应能力、乐观向上的生活态度、正确的自我意识和良好的情绪调控能力等。

带着这样的自问自答，我又常常追问自己：我如何做才能实现这样的目标呢？

就凭大学所学的一些知识吗？就凭年复一年、日复一日的重复劳动吗？

我的回答是：不！绝对不是！

中学教育的对象是处于身心发育关键期的青春期学生，如何让这些学生的青春平稳着落，是每个教师、家长乃至社会都应该思考和关心的问题。

体育对青少年除了有增强体质、提高身心健康等显性功能外，还能培养他们团队协作的精神，这对角色的认知和定位很有帮助；体育有规则的约束，这对培养遵纪守法、具有良好社会公德的合格公民有着很大的作用；体育有胜败的考验、人体极限的挑战等，这些都是健康人格成长的重要条件。此外，体育能释放让人感觉轻松的"内啡呔"来消除紧张和焦虑，是抑郁症的有效治疗手段之一。所有这些，均说明体育在健康人格成长方面有着其他任何学科所不能替代的作用。

以上种种，需要我具备扎实的专业知识和技能，懂得教育教学的科学方法，要充满热情地对待学生，要与时俱进、不断创新。

明白了这个道理，我也开始了我教育生涯的成长之旅。在这个成长旅程中，学生的需要就是我成长的动力，而我不断学习、不断探索、不断成长，只是为了能满足学生的成长。

2008年我被评为江苏省体育特级教师，2011年我被评为江苏省教授级中学高级教师，2014年我获得江苏省"五一劳动奖章"。所有这些，除了一路上有张家港梁丰中学、苏州大学、苏州十中、苏州草桥中学这样的名校培育了我、锤炼了我，更多的是学生的需要让我走到了今天，我深深地感谢他们！

反思是为了更好地发展。草桥中学是著名教育家叶圣陶先生的母校，苏州教育提出了"像叶圣陶那样做老师"的教育梦，其真正目的不是让每个教师都做叶圣陶，而是希望我们要有叶圣陶先生那样的教育情怀和教育境界，要有叶圣陶先生以"教育为人生"的使命感和责任感，要有叶圣陶先生所倡导的"为人师表"的风范。作为叶圣陶先生母校的一名普通教师,就应该是叶圣陶教育思想的实践者和思考者。翻开过去的每一页,我有许多的感慨,萌生了把自己二十多年来的探索和实践与大家共同探讨和分享的想法。本书不仅记录了我作为一名普通教师的成长经历和成长过程中的所思所想,也从另一个角度记载了新课程改革过程中中学体育教学的风风雨雨,更是我基于学生健康人格成长需求下追求自身专业发展的见证。

  本书主要由六个篇章组成,分别为体育教师专业发展的轨迹、体育教师应具备的人格品质、体育教师应不断提升的素养、体育教师应担当的光荣与使命、体育教师的国际视野和体育教师对阳光体育的理性思考。这六个篇章均是自己历年的"作业",这些"作业"是基于一名长期坚守在操场的体育工作者对体育教育教学的感悟,是一些理性的肤浅的思考认识,限于水平,疏漏和错误在所难免,敬请批评指正。

蒋玉红

2015 年"三八节"于苏州市草桥中学

第一篇　热情—学习—实践—执着
——体育教师专业发展的轨迹

○ 热情—学习—实践—执着　/3
○ 体验成功，超越自我
　　　——参加拓展训练有感　/9
○ 国培，新时期中学体育腾飞的基石　/15
○ 走过清华园
　　　——清华大学高级研修班学习感悟　/18
○ 且行且学且悟
　　　——PPT深度制作网络学习体会　/21

第二篇　爱心—细心—尽心—信心
——体育教师的人格品质

○ 体育教育之谋略　/25
○ 我用这样的方式爱你们，我的学生们　/32
○ 教无定法，做好体育"考试"文章　/39

- ○ 换位思考，让"难点"不难 / 47
- ○ "家访月活动"——教育生涯中的又一次修炼 / 50

第三篇 观念—知识—技能—方法
——体育教师的专业素养

- ○ 于细微处提高体育课堂教学的有效性 / 57
- ○ 如何运用多媒体课件进行体育与健康理论课的"说课" / 60
- ○ 信息化教育在体育教育教学中的设计策略 / 66
- ○ 从运动量看苏南苏北体育课堂教学的差异 / 71
- ○ 高中体育新课程标准的实践剖析 / 80
- ○ 初中体育教学内容重组、优化的实效性研究 / 84
- ○ 立足"生本"，上出体育课的味道 / 89

第四篇 传承—整合—优化—创新
——体育教师的担当与使命

- ○ 对王季玉体育教育思想的剖析与思考 / 97
- ○《体育与健康》课程内容资源开发和应用研究 / 101
- ○ 体育与健康新课程实施方案 / 110
- ○ 室内课间操——体育锻炼的又一亮点 / 121
- ○ 身体素质课课练 / 129
- ○ 对初中生冬季课间长跑管理模式的探讨 / 141
- ○ 以竞赛促活动，以活动促健康
  ——中学各类竞赛活动案例 / 145
- ○ 以赛促学，以赛促研
  ——体育教师提高专业发展的竞赛案例 / 156

第五篇 观察—分析—比较—拓展
——体育教师的国际视野

- 美国学校体育见闻 / 165
- 加拿大中学体育见闻 / 171
- 澳大利亚学习交流散记 / 175
- 中美体育课堂教学的比较与思考 / 182
- 感受教育的美好
  ——参加海峡两岸中小学教育论坛有感 / 189

第六篇 学生—学校—家庭—社会
——体育教师对阳光体育的理性思考

- 对阳光体育运动落到实处的理论思考 / 195
- "阳光体育运动"政策执行的对策研究 / 203
- 有效提高每天一小时锻炼的效能 / 210
- 对"发达地区制约学生体质提高的重要因素"的分析 / 215
- 苏州市中小学生体质健康干预的实践与思考 / 217

附录

- 2011年版体育课程标准访谈录 / 221
- 直属学校教授级高级教师访谈实录 / 229

热情—学习—实践—执着

——体育教师专业发展的轨迹

马克斯·兰茨伯格说过:热情无疑是我们最重要的秉性和财富之一。不管你是否意识到,每个人都具有火热的激情,它是一个人生存和发展的根本,是人自身潜在的财富,只是这种热情深埋在人们的心灵之中,等待着被开发利用。

作为一名体育老师,只有保持一颗年轻激扬的心,才能把生命演绎得淋漓尽致。

本篇收录了我在学习、成长过程中的所思所想。我把每一次的学习和经历都作为自身的修炼,不断拓展着自己的知识面,提升自己的能力。

> 为了一个梦想,我在操场上执着地追逐……

热情—学习—实践—执着①

英国作家马克斯·兰茨伯格说:"热情无疑是我们最重要的秉性和财富之一。不管你是否意识到,每个人都具有火热的激情,它是一个人生存和发展的根本,是人自身潜在的财富,只是这种热情深埋在人们的心灵之中,等待着被开发利用。"

常有人对我说:你很认真,很刻苦,很有拼劲;但也有人跟我讲:你蛮憨蛮傻的,总爱揽事干。事实上,我就是这样的人,每天的我都是精神百倍,充满激情,因为我是一名体育老师,每天与学生相处,必然有一颗年轻激扬的心;因为我是生命运动的舞者,必然要充满激情地释放;因为我是体育技术技能的传授者,必然要以激情吸引学生的注意;因为我是一名管理者、领导者,必然要传播我的思想,让更多人产生共鸣。

因为这份激情,我收获了很多意想不到的惊喜;也因为这份激情,我逐步成长起来。现在细细想来,这又何尝不是一名普通体育老师的成长轨迹?

一、初为人师,我以榜样和目标激励自己

1991年,初为人师的我被分配到苏州市第十中学任教,这所现今被誉为"最中国的学校"是一所百年名校,校园的一草一木、一石一池都蕴含了浓厚的文化气息,学校教育教学管理传承了优良的办学传统,不仅注重教育教学质量的提升、校园文化的打造,更注重师资队伍的建设,提出

---

① 该文刊于《中国学校体育》2012年第3期。

"一年站稳讲台,三年形成风格,五年成为骨干,十年具有特色"的培养目标。对像我这样刚工作的新教师,学校还配备一位高级老师做"师傅"。

记得在学校第一次全体教职工大会上,我听到校长表扬了一些骨干教师,他们中有的是因为教学效果显著,有的是因为班级管理出色,有的是因为服务意识强。我心中闪过一丝不安,因为我发现他们受表扬的成绩跟我在大学学习时所受表扬的成绩是两个完全不同的概念,我心中原有的一丝优越感荡然无存。我突然间明白了,大学里所获得的优秀毕业生、学生党员称号,还有那厚厚的一摞奖励证书只是对大学画上的句号,现在的我就是一张白纸,我得从头学起。同时,我心中又闪过一些念想:会不会有那么一天,我也能在会上得到校长的点名表扬呢?会后,我悄悄地问同事,今天被校长提到名字的老师长什么样。他们指给我看了几个,我一看,他们都很普通很随和,尤其一些女教师,穿着打扮、一颦一笑都看不出有什么特别的地方,我心想,原来他们也只是普通老师而已,既然这样,那我也可以像他们一样。有了这样的想法,我觉得心里踏实了许多。

人的一生,一定会有几个良师益友,可能是具体的几个人,如你的父母、你的师傅、你的导师、你身边的榜样等,也可能是抽象的一种激励,一种目标,这都是你人生目标的里程碑,是助你终身发展的明灯。因此,我常感恩于学校给每个青年教师成长路上搭建平台,因为对每一位刚踏上工作岗位的年轻教师来讲,刚工作的几年是最关键的时期,这个时期是角色转换的蜕变时期,是形成良好备课习惯、上课习惯、辅导习惯、反思习惯,内化核心教育观念等的最佳时期。如果刚工作的几年能认认真真学习,不断充实自己、锻炼自己,那么离成为一名优秀教师的目标一定不会遥远。我就是常常以身边的榜样和目标激励自己在事业发展道路上不断前行的。

二、成长路上,我用努力不断实践实现自身价值

我始终认为,作为一名教育工作者,能上好每一堂课,教好每一位学生是天职。

备课、上课、出操、组织体锻活动、辅导业余训练、参加会议……当教育生涯进入到常态化时,我与大多数体育老师一样,每天在平淡、忙碌中

度过，日子平凡而充实。

《礼记·学记》中道："学然后知不足，教然后知困。"虽然，大学所学的理论有些已内化成了自身知识技能体系的一部分，但面对教学过程中出现的一些问题，面对与学生时代完全不同的工作和生活，我的心中总有许多困惑，压力感在心中不断滋生。

我该与学生建立怎样的师生关系？学生课堂上讲话、不积极练习如何解决？个别学生屡教不改总是穿牛仔裤上体育课怎么办？什么方法能让学生很快掌握技术？不同水平和能力的学生学习同一项技术和技能时如何让每一个人都有收获？同一项技术有多少教与学的方法？当有人来听课时我该如何发挥出最好水平？我的课堂有没有与众不同的地方？业余运动员的训练如何能得到班主任老师的支持？如何能让运动员的综合素质都能得到提升？……这些问题常常让我感到自己知识和能力的匮乏，但也常常引起我的思考。我想，我该尝试着做些什么。

（一）做一个有心人，把提高教学科研水平作为自身专业发展的钥匙

我的备课夹里、我的训练记录本上、我的抽屉里、我的包里、我家的床头柜上，总有很多小纸片，那上面都是一些不成文的句子。有的是一个问题，有的是一段感言，有的是一种方法，那是我在课堂教学时、课余训练辅导时的一个困惑或一种发现，那是在开会、监考时脑中一闪而过的灵感或体悟。我把这些都随手记下来，一个阶段后，我就整理小纸条，把有用的信息保存下来，查阅相关资料寻找理论依据，或进行相关实验进行验证，并尝试着写文章。

我的"第一桶金"是我的一篇论文获得了省论文评比一等奖。那天我们的教研组长笑眯眯地对我讲："丫头，你的论文送省里获得了一等奖，不错噢！"那时的我，是惊喜的，是意外的，我找到了一些自信，原来只要做一个有心人，只要敢于尝试，成功就会向你招手。因此，即使在从教二十多年的今天，我还是习惯这样把体育教育教学中的所思所想记下来，总结归纳后形成文章。

当然，随着时间的推移，我所写文章的出发点和视角也发生了很大的改变。最初我是想充实自己、证明自己，所以文章都是借鉴和模仿，虽然一些实践性论文也是来自于实验，但过于程序化，缺少个性情感。渐渐

地,我很想将自己在教育教学中的经验、体会、策略、艺术与别人分享,所以我写了很多感悟类、反思类和个案研究类文章,尤其是围绕新课程改革,进行了很多尝试,其中二十多篇在市级以上报刊发表,还有很多文章作为感悟、体会自己收藏着。2008年,我被评为江苏省体育特级教师,2011年我又受聘为江苏省教授级中学高级教师。这期间,我的文章的视角更多侧重于理性和理论上的思考,努力尝试着从较高的层面引领更多的老师来关注当前的体育课程建设问题,关注我们的校本研究问题,关注课堂教学有效性问题,关注学生健康问题,关注学校的管理问题,以呼吁更多的人来关注、关心青少年的健康成长。

(二)敢于挑战自我,把参加竞赛作为提升教学能力的助跳板

教学比赛是展示教师个人基本功、体现所在地区或所在学校教学理念、提炼教师教学特色、考验教师教学能力和心理素质等多方面的一个平台。对一个老师而言,如果没有参加过教学比赛或公开课活动,可以说他的教学生涯是不完整的。只有经历了赛前的准备、赛中的心理体验和临场的锤炼,才会在思想上有新的认识,业务水平才有新的提高。

虽然校级以上单项的课堂教学、教案评比我参加了很多次,但真正让自己有质的飞跃的还是1997年参加的市教学比赛,其中有一项是室内课评比。我发现要真正上好室内体育课,有些内容仅仅凭讲解、板书、实物模型或简单的视频是远远不够的。为了能让课堂教学效果更直观、更显著,我设计采用多媒体辅助教学,但是当时的我电脑水平不高,况且我也没有电脑。怎么办?与爱人商量了一下,最终决定用家中仅有的一点积蓄买了一台组装电脑。有了电脑,我就缠着信息老师教我最基本的PPT制作,教我如何截取有用的视频,教我如何链接及如何配音乐等。不仅如此,为了讲解精练,为了一个针对性的教法或一个游戏的选择,我翻阅了几十本专业书籍,有的书可能对我当时课堂设计中的组织和教法没有一点作用,有的书可能就其中的一句话有用,但是,很多知识无形中为我在今后的教学中能驾轻就熟打下了基础。

功夫不负有心人,我在比赛中取得了一等奖第一名的好成绩。此后,我代表苏州市参加了江苏省中青年体育教师教学能力比赛,同样取得了省一等奖的好成绩。当然,我也成了学校大会上常常被点名表扬的老师

之一。

（三）形成教学风格，把促进学生健康发展作为教学生涯的最高目标

我始终认为，体育教学的真正目的不在于课堂上教师多么能"秀场"，也不在于教学内容和器材多么的"繁杂"，更不在于组织教法多么的"花哨"，而在于课堂中学生是否掌握了体育的基本知识、技术和技能，在于学生的身体素质是否得到了发展，在于师生课堂中的一次共鸣、一种默契，这是施教者和受教者身心共同愉悦的华彩乐章！

渐渐地，我有了自己的教学想法和做法，那就是我的课堂一定是有技术技能学习的——哪怕是一项素质练习的方法；一定是注重学生体能发展的——绝不让一个学生掉队；一定是有体育基本知识、生活基本常识、学生良好品德渗透的——或许是一个小问题或一个小故事。与此同时，我追求课堂上师生的和谐，我会批评学生但从不辱骂学生，我常表扬学生但绝不偏袒学生，我希望学生遵守规则但不墨守成规，我希望学生灵动可爱但不是放纵散乱……随着这些思路的固化、凝练，我也把注重教学"三实与三活"作为了我的教学风格。"三实"体现为对学生思想品德、体育行为的教育要务实，课堂技术技能的教学、学生身体素质的发展要务实，对自身业务素质的要求要务实；而"三活"体现在为教法手段要活，不同学生教育方法要活以及课堂气氛要活。

三、角色转变，我坚守着自己对体育教学的挚爱

外出开会时，常有人问我："你是教什么学科的？"我总是很爽快地回答："我是教体育的！"问者总是表惊讶状："看起来一点都不像！"每当这个时候，我总是哭笑不得，体育老师是什么样的？

确实，长期以来，在人们的定势思维中，部分体育老师给人留下了贪玩、松散、不求上进、文化素养不高的不良印象，加上体育学科在学校的地位总比不过语、数、英等文化学科，以至于一些体育老师自认为低人一等，丧失了进取心。

在为中青年体育教师、在校大学生培训时，或在学校体育教育研讨时，我总是会问这样的问题：排除体育学科本身的特点，为什么人们对体育老师的看法与其他学科老师有差别？为什么不能像国外的学校一样让

人们对体育老师肃然起敬？如果我们能从自身做起，耕耘好我们体育的"一亩三分地"，坚守住课堂教学的质量、体育大课间的组织、业余训练的辅导等，在自己的"地盘"上作好主、当好家，同时，能多学习、多付出，提高自身综合素养，那么必然会得到别人的认可，赢得别人的赞赏。

记得2000年的暑假，我原任教的学校与另一所学校合并，学校提名我做体育教研组副组长，但我要独自前往被合并校的校区主持教研组工作。当时我很突然，有点不知所措，想到要去一个陌生的环境工作，我倍感压力。至今，我仍感谢当初同事的友善与支持。期间，我带领全体组员从完善规章制度入手，积极开展课堂教学的研讨，组织业余运动队的训练，开设、调整体育兴趣小组和组织各项竞赛，事事亲力亲为，以身作则，得到了领导和同事的肯定。一年半后学校又把我调回到本部担任教研组组长，仅隔半年，我又被聘任为学校教务处副主任。我曾自嘲自己是学校体育教研组历史上最年轻、任期最短的教研组长。大家都说我做事认真，凡事有钻劲、韧劲、虚心好学、勤奋努力，这些或许与我今天走上校领导岗位密切相关。

不管是做教研组长，还是做学校的中层干部，乃至现今在校级领导岗位上，我从未放松过对自身专业发展的要求，体育课教学仍是我的挚爱。随着舞台的更宽更广，随着能力的不断提高，拥有体育教师和学校管理者双重身份的我，更加强了对学校体育工作的引领和管理。我带领大家围绕课程内容、课堂教学开展课题研究；围绕新课程并结合学校实际，大胆进行教学改革；自编了多部校本教材；不断加强校本培训，扩大学校体育的影响力。尤其在阳光体育推进过程中，我通过学校各级各类会议和各种活动强化全校教职员工对学生体质健康的关注，严格按课程标准开齐开足体育课和大课间体育活动等，确保学生的健康成长。作为一名体育工作者，我正在为学校体育工作的有序科学发展努力着，我为有这样的舞台而自豪！

> 我总以积极进取、珍惜感恩的心态参加各类培训,视野的拓宽、思想的碰撞,让我不断收获着……

体验成功,超越自我

——参加拓展训练有感

2003年9月26日,苏州市人事局组织来自各个系统的苏州市新世纪高级青年专业技术人才来到地处太湖明珠度假村的拓展训练培训中心,进行为期一天的拓展训练,我有幸成为其中的一员。短短一天的培训,除了让我感受到生理、心理的挑战外,更多的是心灵的震撼和理性的思考。

一、初识拓展训练

"拓展"来源于二战时的一个故事:在远离大陆的大西洋上,很多船只由于受到敌方攻击而沉没,大批船员纷纷落入冰冷的海水中,绝大多数船员不幸牺牲了,但仍有极少数的人在经历了长时间的磨难后终于得以生还。当后来人们了解了这些生还者的情况后,发现了一个令人非常惊奇的现象,那就是这些生还者不是人们想象中的那些身体强壮的小伙子,而大多数是年老体弱的人。经过一段时间的调查研究,专家们终于找到了这个问题的答案:这些人之所以能活下来,关键在于他们有良好的心理素质。当他们遇到灾难的时候,首先想到的是:我一定要活下去!他们有一种强烈的求生欲望。而那些年轻的海员可能更多想到的是:这下我要完了,我不能活着回去了。

于是,人们从这个故事中得到了启发,创设了拓展训练,其英文为outward-bound,原意为一艘小船离开安全的港湾,驶向波涛汹涌的大海,去迎接挑战。后来,人们利用一些自然条件和人工设施,在管理、教育等领域让人们做一些具有心理挑战的活动和项目,以训练和提高他们的心理素质、管理能力等,起到了意想不到的效果。很快,拓展训练风靡了全世界。

培训中我们主要体验了"背摔""钻电网""断桥"和"绝地求生"四大项目。

"背摔"也叫"信任跌":学员站在1.4米高处,双手在胸前交叉互握,笔直地向后倒在由其他学员用手臂搭成的网上。(如右图)

"钻电网"(绳网):全组成员在规定时间内钻过由绳子交叉织成的大小不一、形状各异的出口,每个出口只过一人,不可重复。在钻越过程中,身体的任何一个部分包括衣角碰到绳,都算失败,同时这个出口将被无情封锁。出口总数一般只比全队人数多一个。

"断桥":在8米多高的空中架有两块宽约30厘米的木板,两块木板相距1.4米左右,要求每个队员都要从边上的柱子爬上去,走到一块木板上,跳到对面的板上,再跳回来(跳回时培训师还要将距离拉大),然后再爬下来。(如右图)

"绝地求生":面前是一跺高4米多的陡峭的墙,该墙没有任何便于攀爬的凹凸面,要求全组成员在规定时间内不借用任何东西从墙的正中间全部到达墙上。(如右图)

二、拓展训练给我的思考

（一）团队精神贵在诚信

一直以来,我们提倡团队合作精神,但我们往往难以更深地去体会团队合作精神对我们的影响。这次的拓展训练,让我真正体会到了团队合作精神不可抗拒的力量。

培训一开始,我们34人被随机分成3组,培训师要求每一组选出队长,确定队训,编好队歌,设计好队徽。要求我们每当队员遇到困难时,集体用队训来鼓励他;当我们顺利完成任务时,大家用队歌来欢庆。要我们始终牢记:任何时候,我们都是一个整体。因此,我们不管在体验"背摔"还是"断桥"时,虽然害怕、恐惧,但在大家的鼓励下,一个个都顺利完成了任务。尤其在"绝地求生"训练时,在当时的环境下,单靠一个人是绝对不能完成任务的。最难的是最后一个人如何上去的问题。一开始,看着如此高的墙,我们不知从何下手,但很快我们借用其他项目训练的一些经验拿出了方案,那就是充分利用各人的身体形态和体能等资源,合理分配角色。于是,大家轮流搭人梯,下送上接。体现最明显的是我们把一个瘦高的留在最后,以便他能够抓住上面倒挂下来的队员的双手。而倒挂的队员是一位有一定的手臂力量、有一定勇气的人。最后,当我们全体胜利到达墙上时,大家都为成功的合作而欢呼。

联想我们的各项工作,一个人的智慧毕竟有限,如果充分发挥团队的力量,借助众人的优势,则成功的彼岸一定不会遥远。

（二）信任的魅力是无穷的

当我们遇到困难或受到挫折时,常常会失去自信,也会对别人不信任。"背摔"训练让我体会很多。当我站在高处,背对着队友用期待的声音问"准备好了吗?"队友们用响亮的声音回答我"准备好了!"时,我虽然因失重带来的恐惧而大叫,但内心一点也不怕我的队友接不住我。因为我已看到前面摔过的队友很安全,因为我也努力地给了别人信任。由此,我想到:人与人之间的相互信任是由哪些因素构成的呢? 那就是你首先要与人沟通,把你的想法告诉别人,同时你必须是一个诚实、正直的人。此外,你还应该具备完成某件事的能力。有了这些,才能给人以信任感。

在我们的工作和生活中,相互间的信任又何尝不是如此呢!

(三)换位思考让人认识自己

从我成为体育老师以来,一直是我指挥学生,虽然心理学知识也略知一二,但教学中有学生不敢过"山羊",害怕上"双杠"时,我过多地强调的是自己对学生的要求,而常常忽略学生本身的需求。

进行拓展训练跳"断桥"时,我因要显示自己队长的榜样作用,自告奋勇第一个上,可向上爬到一半,我就开始后悔自己的"逞能",因为随着离地面越来越远、越来越高,心中的不安全感越来越强烈,随之而来的恐慌让我感到两腿越来越软。我对自己能否顺利返回打了个大大的问号。当我到达"断桥"上时,培训师用亲切的话语让我深呼吸,让我看看太湖美丽的风景,虽然恐慌有所缓解,但我明白真正的考验还在后面。我紧紧地抱着柱子,唯恐自己掉下去,看看断桥间的距离似乎有二米多远,我不断地自语:太可怕了!太可怕了!我担心上面保险带的滑轮会不会失灵,我会不会一脚踩空,更可怕的是断桥因为我两腿的抖动开始晃动起来……这时,下面的队友们齐声用队训在喊:"队长,永不言败!跳!"培训师又轻轻地对我说:"你跳的距离我特意给你调得很近的,你一定没有问题的!"在培训师耐心和技巧性的鼓励下,在队友们的呐喊声中,我鼓起勇气跃了过去,发现原来真的没想的那么远。我成功了!

跳"断桥"给了我很多的思考:我想,如果当时培训师的态度很不耐烦或者换了种方式,或许我在上面犹豫的时间会更长,我甚至可能会失败。联想到今后的教学,教师更应该多从学生的实际需要出发,多给学生以鼓励,或许学生更容易接受,更容易成功。我又联想到工作和生活,我们常常以自己的愿望、自己的标准来要求别人,如果我们常常能换位思考,或许会少一些误解,多一分理解。就如"断桥",在空中的距离不过约1.4米,此时能不能跳过是技术问题,而敢不敢跳则是心态问题。因此,当一个人换了一个位置或环境时,我们依然要相信自己,把握自己。就像工作和生活中有很多事,或许做了不一定会成功,这很正常,但你不去尝试,别说成功,连失败的体验都没有。

(四)超越自我并不困难

有人把成功定义为:不断地超越自我。拓展训练激发了我的潜能。

如果没经历这次培训,恐高的我也许永远也不知道我还可以在8米多高的断桥上跳跃。其实,每个人都有潜力可挖,只是我们往往被自己思维的定势所捆绑,被自己一贯的态度和认知所左右。因此,每当我们遇到困难时,千万不要轻易就说"不",或许有些事并不像表面那样复杂和困难。我们更要相信自己的潜力,不断去超越自我。

(五)成功与机遇人人都有

我们人人都会讲要抓住机遇,但当机遇来时,我们又往往很容易丢掉。到底是什么原因导致这种情况的呢?拓展训练"钻电网"的失败带给我很多思考。

在"钻电网"前,培训师把要求讲清楚,规定我们12人在50分钟内全部通过电网。我们因为本能的兴奋和好奇,一上来就有队员对着电网指指点点,谁知有人不小心碰到了电网,培训师马上无情地封掉我们一个出口。任我们再三请求,培训师都不予理睬。尽管如此,我们仍然没有引起重视,有人建议从最大的口跨过去,同样由于我们的轻视,碰到了绳子,结果又有两个大的出口被无情地封掉。直到此时,我们才认识到问题的严重性。因为我们有12个人,而现在包括最小的出口在里面,也只有10个出口,而且都是些小的。怎么办?有人说反正我们不可能全部通过,干脆放弃算了。但看到培训师那难以琢磨的眼光时,我们知道没有理由这样去做。于是我们冷静下来,大家开始根据出口的大小确定谁先过谁后过,用什么样的方式过,由于我们都不具备杂技演员的本领,也没有缩身的特异功能,所以我们必须要依靠大家的力量。大家最终达成共识,规定通过的人尽量伸展四肢,让自己尽可能地像根木棍,而其他人有的抬,有的控制方向,我们用了一分多钟的时间成功地把第一个人送了过去。我们为这小小的成功欢呼。回头细细看时,这个出口是那么小,若按一开始的想法,我们认为是肯定过不去的。接下来,我们用类似的方法,花了12分钟左右的时间通过了8人,虽然还有时间可用,但我们已没有可用的出口,所以,我们这个项目整体算是失败了。

"钻电网"同样给了我很多的思考:电网的每一个出口犹如每一个机会,当我们轻视它时,我们就在弹指间失去了机会,且失去了不会再来。同样,如果我们当时因为发现出口已不够而轻易就放弃,那就没有后面一次一次的成功和经验，也不会从中得到更多的感悟。因此，在我们的工作和学习中，当机会来临时，不能因为它看似简单而等闲对待，更不要因为初试失败而轻易放弃。

拓展训练倡导的是一种体验式的学习方式，其目的是培养团队合作精神，充分挖掘人的潜能，学会换位思考，提高自信心等，从而使我们能以健康的心态更好地完成各项工作，在工作中表现出更强的适应性和稳定性，提升工作质量和工作效率；能使我们更懂得生活；能更愉快地与人交往等。其实，在我们的工作和学习中，有很多类似"拓展训练"的经历，有些人成功了，也有些人失败了。我想，有些事只要我们大胆地尝试，并不断地总结，是一定能取得成功的。

> 不断提高专业水平才能适应新时期的教育改革,才能满足不同学生成长的需求。我的专业信条就是做一名专业的体育老师。

国培,新时期中学体育腾飞的基石

为提高全国中学体育教师的专业水平和教学能力,有效提高体育教师实施素质教育和驾驭新课程教学的能力,推动全国各地科学有效地开展阳光体育活动,提升体育教学质量,增强学生体质,2010年8月,来自江苏、浙江、江西、福建、广东、云南六省的140位体育骨干教师云集在福建师范大学,参加由教育部组织的2010年中学体育骨干教师国家级培训。学员们每天听专家讲课、与专家互动、进行技术类教材教法的现场操练、团队合作研究、撰

写每天的学习心得、完成定期布置的作业、出学习简报等,享受着"体育大餐"带来的快乐。

作为其中的一名学员,我深切地感受到本次培训的深远意义,这是新时期国家赋予我们所有体育老师的责任和使命,是"寄托着亿万家庭对美好生活的期盼"的阳光行动。在《国家中长期教育改革发展规划纲要》颁布和修订《学校体育工作条例》之际,国培计划犹如一股春风,让大家感受到了春天的温暖。

教育部对本次培训高度重视,提供了经费保障,北京教育学院项目组和福建师范大学承办方深度思考、精心设计、细致筹备,用创新的理念、专

业的理论让每位学员学有所悟,学有所获:课程设置方面,充分关注到了目前中学体育新课程改革的焦点问题、阳光体育的热点问题、体育教学的质量分析和体育教师的专业发展问题;授课专家方面,有教育行政官员、体育教育专家、大学教授、教研员、中学一线体育教师等,让学员从国家相关政策、体育新课程理念到一线的实践都有了新的认识和提高;从参加培训的学员来看,都是来自一线的中学骨干教师,有一定的工作经历和业绩,能很好地完成培训的任务;从承办方来看,福建师范大学有着全国一流的体育场馆设施,能满足授课的需要;从管理人员来看,他们都有很高的修养和体育素养,有足够的热情和耐心,为每一位学员的学习和生活服务……总之,半个月的学习生活,我感触颇多、收获颇丰。

一、提高了对新形势下学校体育工作重点的认识

季克异教授的《文化底蕴与体育老师的专业发展》、陈雁飞教授的《中学体育教学中十个问题碰撞与解答》、毛振明教授的《什么是好的体育课,如何上好体育课》、宋尽贤司长的《关于当前我国学校体育改革发展的几个问题》、韩兵副教授的《阳光体育运动强化小组研修方案》等精彩的讲座,让我对新课程改革有了更深的认识,对"一堂好课的评价"有了更理性的思考,对阳光体育推进的意义有了新的感悟,对新时期教师专业发展的方向有了清晰的概念。如果说从2001年新一轮课改实施至今的九年中,我们曾对学生体质没有明显提高、体育老师的专业没有明显发展、体育课堂没能呈现最本质的体育特色感到困惑、感到迷惘的话,那么这些专家的授课为我们指点了迷津,指明了方向。

二、拓宽了中学教材教法及有效开展阳光体育的思路

本次培训中,毛振明、陈雁飞等专家的理论引领,陈飞星博士的《拓展训练游戏教程》、周志勇老师的《中学武术的教与学》以及一线名师陈文斌老师的《阳光体育运动的开展》等教学实践,拓宽了我们对中学教材教法的思路,而不同地区阳光体育活动的交流,激发了大家的思维,更为进一步引领和组织课堂教学、课外活动,保证学生每天一小时的体育锻炼提供了科学有效的指导性建议,为更好地提高学生的体质,培养学生终身体

育的能力提供了保障。

三、增强了合作学习、探究学习等综合素质和能力

本次培训中互动和小组合作的学习形式，使各地区的学员有了充分的沟通与了解。而以合作小组进行研讨和汇报更提高了学员们科研的能力。此外，为丰富学员的生活，更为了展示每位学员的才能，由学员组织、策划的文娱晚会则充分展示了体育骨干们的多才多艺和特有的应变能力。我想，这些能力的培养与提高，必然会促进我们的教育教学，提高我们的组织能力，优化我们的课堂，为更好地完成体育任务打下强有力的基础。

本次培训本着努力打造一支师德高尚、业务精湛、结构合理、充满活力的高素质专业化教师队伍的目的，鼓励人心。这将是新时期学校体育的号角，相信我们每一位学员都能把本次培训的精神和实质带回去，做阳光体育的践行者。

> 静下心来聆听专家们的声音是一种精神上的饕餮盛宴。走上管理岗位,我觉得我要学的东西更多,要思考的问题更多……

走过清华园

——清华大学高级研修班学习感悟

"泱泱华夏,上下五千年,人口十三亿,中国文化讲究缘分……",每当想起在清华学习期间大家喜欢用演说家李真顺的课堂演说语相互调侃时,总有许多的愉悦和感慨。而现在想来,我能有机会参加苏州市教育局组织的清华大学高级研修班学习,踏进世人瞩目的清华大学,接受清华百年厚重文化的洗礼,与清华结下一段情谊,是何等的缘分和福分啊。

"走进清华门,就是清华人!"当真真切切坐在清华教室里听到这句话时,虔诚、崇敬、渴望、自豪的心情油然而生。四天的学习虽然很短,但清华以其严谨的治学理念、高效的教学管理、雄厚的师资力量、深厚的学术积淀、灵活的教学方式,让我感受到水木清华精神的魅力所在,更震撼了我的思想,激荡了我的观念,更新了我的理念,充实了我的知识。

清华教授徐振明的《清华历史与清华精神》不仅让我们重温了中国近代史和半部中国现代的人才史,更让我体味到了清华"自强不息,厚德载物,刚柔相济,天健地坤"的博大精神和"行胜于言,行成于思,团队协作,诚实笃行"的科学精神;中国演说家李真顺的《领导者的语言表达艺术》让我深深体会到了语言的魅力和力量,对"语言就是生产力"的说法深信不疑;北师大教授钱志亮的《学校文化建设——解读校训》让我对校训的本质和校训在校园文化中所起的潜移默化、陶冶情操和鞭策激励作用有了更新的认识;而吉林大学教授、博导彭向刚的《领导科学与艺术》更是精彩绝伦,他的敏捷思维、严谨逻辑、强记博闻、风趣幽默让大家深深领略了他深厚的学术底蕴、丰富的知识背景、深刻的思想观点、独特的教学风格和纯熟的教学艺术,他五个多小时抽丝剥茧般的讲授,引领大家涉猎了领导的定位、领导的规律、领导的思路、领导的艺术等,让我真切感受了"学然后知不足,教然后知困"的道理,填补了我以前学习经历中管理知识这方面的空白,解析了以往工作中的许多困惑,加快了我从一名学科教师向领导角色的转变;中央电视台资深记者栾帆的《突发事件处理与媒体关系应对》让我对危机传播的处理和应对有了认识;心理专家张渝鸿的《阳光心态与压力管理》让我深思保持阳光心态创造幸福人生的管理技巧;著名军事家马骏教授的《国际政治形势分析与国家安全》和商务部李左东副教授的《宏观经济形势分析》则拓宽了我的视野,启迪了我的思维,对如何提升自身工作能力有了全新的认识和理解。

"走出清华门,带走清华魂",当目睹清华八月夏日荷花的清丽,感悟世纪清华的厚重,领略水木清华的精神后,我对自己工作上的角色定位和教育教学管理思路渐渐有了深层次的认识和理解,我思考更多的是作为一名基层学校的领导者,如何把清华的精神发扬到今后的工作中去,把各位专家教授的方法运用到日常的工作中去,真正做到学以致用。

我深深地体悟到教育局组织本次培训的深刻寓意,要想实现教育的基本现代化,实现苏州教育所提出的"办好每一所学校,教好每一个学生,发展好每一个教师"的教育目标,首先要领导者站得更高,看得更远,想得更深,只有这样才能拓宽办学思路,提升办学质量。鲍寅初局长在百忙中赶到清华参加了我们的结业典礼。鲍局长高屋建瓴,一方面从宏观上对苏州教育目标的实现提出了当前具体的做法,另一方面对每位学员寄予了希望,其中让我感触最深的一段话不仅让我在学科教学上,更让我和我的工作团队在管理上用一生的实践来呈现,他说:"当我们的学生小学六年、初中三年、高中三年毕业时,我们会给他们留下什么?"这句话和作家张晓风在《我交给你们一个孩子》文章中写到的:"学校啊,当我把我的孩子交给你,你保证给他怎样的教育?今天清晨,我交给你一个欢欣诚实又颖悟的小男孩,多年以后,你将还我一个怎样的青年?"有着多么相似的深意啊。百年来,清华以其"自强不息,厚德载物"的校训培养了一批又一批的杰出人才,我们该如何思考并用实践回答这样的问题呢?

今日,恰逢草桥初一新生报到,看到父母殷切的期待,看到孩子们纯真、可爱、充满阳光的脸庞,看到他们调皮、充满活力的身影,我问自己:这些孩子的家长把孩子交给了我们,我们该如何用草桥的文化、草桥的精神、草桥优质的教育教学模式来培育他们,锤炼他们?三年中他们能否潜下心来读书,品尝学习的酸甜苦辣?他们能否从各种主流的活动中提升自己的素养和能力?他们能否收获每天的进步和成功?三年后的他们能否变成充满自信、快乐向上的青年?他们是否具备忠诚、正直、有责任感和使命感的品质?他们能否从课内外掌握获取知识,提高解决问题、提升自我的能力?他们是否有自己喜爱的人和事?他们是否身心健康、充满爱心,处处有尊严感?他们是否初步具备与人沟通和合作的能力?他们是否初步具备国际化的视野和高度?……所有这些,除了社会、家庭的影响,更多的是我们学校和老师的影响,我想,我们要做的事情很多,我们要搭建的舞台更宽。

在苏州市大力推进优质教育资源的均衡发展、初中校重新布局调整一年后的今天,每个学生都能在家门口享受优质的教育资源,这是苏州教育给老百姓的厚礼和承诺,而"发展好每一个学生"则将是学校永恒的主题和追求。这就要求我们遵循教育规律,遵循学生身心发展规律,进行有效的课堂教学改革,开展丰富多彩的校内外活动,减负增效,让不同起点的学生都有一定程度的提高……所有这些,都要求我们确立目标定位,进行资源的优化和价值的排序,真正做到"以生为本";要求我们通过务实有效的教育教学研讨提升教师的责任感、使命感,提高教师的专业水平和教学水平,实践教育家叶圣陶先生所提出的"教是为了不教"的教育思想,回归教育的本质。此外,更要获取社会和家长的支持,共同为苏州实现高水平的教育现代化目标而努力奋斗!

> 信息化时代的到来,教师的教和学生的学必然会发生改变。与时俱进,让自己能跟上时代的潮流是我永恒的姿态……

且行且学且悟

——PPT深度制作网络学习体会

为率先实现苏州高水平教育现代化,实现苏州教育所提出的"办好每一所学校,教好每一个学生,发展好每一个教师"的教育目标,提升中小学校管理干部的信息化规划、实施、管理能力和信息化教学能力,苏州市教育局师资处和苏州市电教馆有计划、有组织地逐步举办苏州市教育信息化领导力高级研修班的培训。我有幸参加了第二届研修班的学习。

本次培训内容丰富、形式多样、灵活高效,除聆听国内著名专家授课、参观学习、讨论探究外,还利用暑期布置了网络学习作业。"PPT深度制作"是其中的一类,我选择了这类作业的学习。在一步步完成这些作业后,一种欣喜、满足的心情油然而生。

一、PPT功能原来可以这么神奇

学习之前,对PPT的辅助功能基本都停留在文字、图片的简单呈现和视频的链接上,不管在发言还是在授课时,感觉这些已能满足需要。但是,学习了PPT深度制作后,才认识到PPT在图形、声效、艺术效果及人机交互等方面几乎可以达到用Flash等其他复杂软件制作课件的同样效果,这让我对PPT有了全新的理解和认识。尤其制作诸如通过触发器模拟小球的运行轨迹及制作摆动的小球、电磁波、钟表等,比Flash制作简单,但绝不比Flash效果逊色。

二、PPT深度制作磨练了细心和耐心

记得在学习使用触发器制作"平抛运动"时,我反复做了三遍才达到

预期的效果。在制作"钟表"时,我明明都按要求一步步做了,可预览时发现秒针已转了一圈,而分针一点都没有跟着转动,再观察了一遍,还是没有动,我只好反向去一步一步检查,寻找原因,最后发现原来分针和时针在制作"效果选项"——"计时"时,漏了一步把"单击时"改成"之前",所以分针和时针都没有反应。改过来后,我欣赏着自己的作品,很是得意。得意之余,我立刻"现学现卖",教会了身边的同事。

三、活到老学到老,不做"现代文盲"

2001年,联合国有关部门将新世纪的文盲分为三类:第一类是不能读书识字的人,即传统意义上的老文盲;第二类是不能识别现代社会符号(即地图、曲线图等常用图表)的人;第三类是不能使用计算机进行学习、交流和管理的人。后两类统称为功能型文盲。

如今,在我们的日常工作和学习中,电脑已成为必需品,偶尔停电或电脑出现故障时,就会有不知所措的感觉。现在想来,对于计算机及其应用,我们不能停留在简单的层面上,还要懂得更多的知识和技能,才能追上飞速发展的网络。所谓"学然而知不足",要想使自己的知识不匮乏,思想不生锈,就要勤奋学习新知识,不断了解新技术,特别是为人师者更应该如此。因此,潜下心来学点知识和技能,不做"现代文盲",是每个老师尤其是每个管理干部都应具备的素养。

爱心—细心—尽心—信心

——体育教师的人格品质

学校要为学生打开文化之门,为学生创设一个精神家园。教师要为学生打开终身学习的窗户,使学生养成终身学习的习惯。作为体育老师,则要传授学生体育基本知识和技能,提高学生身体素质,培养学生终身体育的能力,为学生树立一个阳光、健康、坚毅、自信的体育教师形象。而所有这些,都建立在每个体育教师有爱心、有智慧,工作中细心、尽心,并充满必胜的信心之上……

> 如何在教学中体现"以人为本"？如何做到不让一个学生掉队？我用我的教育故事和教育智慧演绎了一段动人的师生之情……

体育教育之谋略[①]

我校[②]体育教学多年来实行男女生分班教学，一般而言，女教师只上女生课。工作到现在，我从没有为课堂上的组织纪律而烦恼，更没有因学生的调皮捣蛋而影响过教学，在我认为，课堂上组织管理好学生只是"小菜一碟"。

这学期由于一些客观原因，学校安排我教初三男生体育课。虽然谁都知道教男生课要付出比女生课更多的心血，但我没做太多的考虑就答应了下来。我认为，女教师教男生不但可以积累点经验，还可以更多地了解学生，弥补未上过男生课的遗憾，使自己的教育生涯更完整。

第一堂课是室内课——刚进教室，男生们就用惊讶的眼神看着我，嘴里还小声嘀咕："怎么是个女的？"我没动声色，很清楚地宣布我不是代课教师，而是大家初三学年的体育任课教师。可能是第一次给他们上课，又是在教室里上常规内容，所以除了发现学生坐姿不正和部分同学一直小声嘀咕外，没有看出他们有多少特殊之处。

第二堂课是室外课——我发现无论我用多响亮的口令还是多威严的表情，总有学生在讲话，总有学生在队伍里晃动。我不断地观察又不厌其烦地提醒。可一堂课下来学生们都没有达到我的要求。由于一直在整顿纪律，我的教学内容也没能按计划完成。下课后，我安慰自己：欲速则不达，或许学生得慢慢来，毕竟他们长期形成的不良习惯不是几句话就能奏

---

① 该文刊于《中国学校体育》2006 年第 8 期。
② 笔者于 1991 年 8 月至 2010 年 4 月在江苏省苏州第十中学任教。

效的。我对他们仍然充满信心。

开学第三周了——男生们上体育课时还是站没站相、走没走样,一堂课讲话声音从未停过,一些学生的眼光似乎从不知道要停留在老师脸上。还时不时有学生问:"老师,练了单脚跳有什么用呀?中考体育又不会考这个项目。""老师,什么时候让我们打篮球?""老师,什么时候让我们打乒乓球?"我真的很心痛,现在的孩子怎么如此急功近利,这到底是谁的错?同时,我又很着急,因为通过前三次课对学生身体素质的初步摸底,发现这些学生身体素质发展很不全面,兴趣爱好和知识面很狭窄。从生理角度来分析,开学本应该以恢复体力为主,加上目前学生上课纪律比较松散,所以我这阶段不安排自由活动内容,想过一阶段能"降伏"他们再安排。现在,学生不能像以前那样可以随心所欲地玩了,就觉得没劲,于是就不停地捣乱。但我也没有示弱,高声激将道:"你们什么时候能安静上课,就什么时候让你们打篮球!"蓦地,有个怪怪的声音冒出:"您什么时候让我们打篮球,我们就什么时候安静下来!"我一时语塞。谁都知道新课标强调"健康第一,以人为本",可现在许多学校、许多教师的理解是"学生爱干什么就干什么",上课集合一下就发几个球,至于学生在课上学到了什么无从知道,从而使现在的体育课形同"放羊"。学生的要求我不能说不对,但体育课毕竟是体育课,正处于生长发育期的中学生,合理地进行身体素质练习和运动技能训练是必要的。

回到家,我还是有点愤闷,觉得自己很失败。晚饭时,小学五年级的儿子问:"妈妈,你怎么不说话?"看看平时也很调皮的儿子,我不禁灵机一动,把上课时发生的事情跟儿子说了一下,并询问:"如果你是妈妈你会怎么做?"儿子居然很不屑地说:"这还不容易,你把篮球拿出来,他们完成任务就给他们打,不完成任务就不给,这叫'欲擒故纵'!"儿子的一番话似乎很"小儿科",但我不免有点心动。我静静地思考良久,决定采取一些措施,并把这群男生的行为变化当作一项任务来研究。

于是,我又充满了信心。

一、"欲擒故纵"

我拎了6只崭新的篮球,若无其事地像往常一样早早地来到篮球场上。学生们看到篮球,并没有欣喜若狂地哄抢篮球,而是指指点点、议论纷纷,这有点出乎我的意料。上课铃响了,体育委员整队时比平时安静,原来有一半以上同学讲话,今天只有十几个人;原来整队时有一半以上学生的眼光不在老师身上,现在一半以上学生的眼光在老师身上。我心中一阵窃喜,于是我提高声音布置本课内容,并强调:在规定的时间内按要求完成本课教学任务,则有10到15分钟的时间可以打小组篮球赛。

从准备活动开始到第一项内容——发展速度素质练习,70%的同学都积极努力地完成任务,上课才30分钟,他们的运动量比上节课45分钟的量还要多。这时,我遵守我的诺言,安排篮球教学活动。除了强调安全,我没做出太多的要求。

当每个小组拿到球后,他们就开始了分组活动。我静静地观察他们的技术、战术以及对规则的理解,发现他们有太多的技术错误,没有配合意识,缺乏团队精神,但是他们玩得很快乐。我把这些都看在眼里,心中不禁感慨:我们在教育中常常会忽略学生的需求,一味地朝着自认为完美的方向前进,尤其当出现理想与行动矛盾时,往往把责任归结于学生。想到这些,我不禁觉得有些惭愧,心中渐渐浮现出下一节课教学内容的策略。

二、"抛砖引玉"

这节课,我拿了8只篮球,比平时更早地来到场上,并拿出一个球,故意在场上"个人表演"。今天运气还真好,我投篮是百发百中,赢得场上男生们的喝彩声。我故作随意地叫几个学生一起玩,他们很兴奋。上课铃响时他们意犹未尽,我说如果课上完成任务、达到要求的话,还有机会同场竞技。我得吊一吊他们的胃口。

本节课的主要目标是发展学生的速度耐力素质,我要求学生完成3组250米跑,每组要在规定的45秒到50秒内完成。这个时间规定对初三男生来讲属于中上等强度,我想应该有90%以上的学生能完成。但结果让我又喜又忧。喜的是90%以上的学生都很努力地跑,想在规定的时间内完成;忧的是只有三分之一的学生在规定的时间内完成。看着他们这个成绩,我心里有说不出的着急!

同前几节课相比,本节课只用了大半节课就完成了相当于前几周上两节课的任务。我很欣慰!在适当休息后,我让他们继续篮球活动,但我逐步提出了要求,比如配合问题,比如规则问题等。他们很安静,很投入,津津有味地聆听着,不时还会微笑、点头。看得出,他们很乐意接受教师的指点。我想,或许是教师的榜样力量起了作用,或许是教师的真诚感动了他们,或许……总之,我长长地舒了口气。

三、"擒贼擒王"

渐渐地,我观察到每个班都有四五个学生在班中起负面作用。这些男生正处于变声期,一讲话声音就显得特别响,笑起来更是压倒我这个平时自认为很响的嗓门。每当这时,我只能用停止讲话或"凶凶的眼神"来制止他们,但往往需要一段时间才能有效,原因很简单,因为他们不适应这样的方式,更看不懂我的眼神。于是,我在课上密切观察他们的行为,分析并总结出不良习惯是他们的致命伤,我得对症下药。

下课后,我把他们留下来,先表扬了他们在课中进步的方面,尤其用"×××球感不错,××弹跳好,×××投篮命中率高"的"高帽子",让难得在其他老师处得到表扬的他们顿时找回了自尊,也视我为"知己",我乘机对他们提出了要求。尤其是其中一位男生,人长得高大且文质彬彬,可言行举止让人觉得如一个不良少年。我对他讲:"在我眼里,你是一个聪明而又讨人喜欢的学生,但聪明要用在正道上,不然枉费有这么一副帅气的外表。我不管你的文化课成绩如何,也不管其他任课老师对你如何,在我的体育课上我希望你是最棒的,并且坚信你是最棒的!"他听了我的一番话后,眼中似乎有点光芒。我抓住这一点光芒继续讲:"你觉得在老师讲话时,你保持不讲话难不难?""不难。""你觉得坚持十分钟不在队伍里打闹难不难?""不难。""那么,一个十分钟坚持了,再加一个十分钟难不难?""不难。""很好!照这样计算,坚持一节课也不会太难,是不是?""是的。""下节课你就这么做行不行?""行!""老师相信你,因为你是个男子汉,是男子汉就要讲信用!"我又及时给了他一个鼓舞的眼神,一个灿烂的微笑,他似乎读懂了我的心,恭恭敬敬地说了声"老师再见"。

此后的体育课上,他"老实"多了,不但不给我惹麻烦,还能挺身而出,要求其他同学配合老师,我原来对他的要求只是"独善其身",现在他却能"兼济天下",真是一举两得。真得感谢四个字——"表扬"和"信任"。我想,在表扬和信任下生活的孩子,学到的是自信、自强,而在批评和怀疑下生活的孩子,学到的只是自责和自卑。

在信任和爱的作用下,渐渐地,课上调皮捣蛋的学生越来越少了,课堂纪律越来越好了,我也越来越喜欢他们了。

四、"树上开花"

一次素质课跳绳练习时,我发现居然有个高高大大的学生一分钟只能跳四十几个。通过仔细观察发现,这位学生是那种不声不响、自尊心很强的学生,他的跳绳动作不对,我及时予以纠正,但是由于体重较重,加上协调性较差、力量也较弱等原因,所以无论他怎么努力也只能跳上五十几个。这虽然提醒我在接下来的教学中不仅要注重技术和素质的教学比例,但更给我启发:这些身体素质较差的学生正好是我进一步接近的对象,我如果把这一部分学生理顺,不就又多了许多"盟军"吗?这样不更有利于课堂管理吗?

于是,我重点辅导这群学生,并收到了成效:一方面,他们的成绩在提高,他们认为老师重视自己;另一方面,他们在课上从不捣乱,还能时不时地制止其他违纪现象。这些学生的帮助,让我心中涌动着一股暖流,我的课上再也没出现"凶凶的眼神"。

"区别对待"教学原则的合理应用让我的课堂开出了灿烂的花朵。

五、"反客为主"

虽然每一节课我总是留出十多分钟给学生自由选择活动,但每一节课的计划都能顺利完成,对一些技术问题,学生也会主动询问。我感到由衷的欣慰。更让我雀跃的是,有时出差回来,总有学生很张扬地向我问好:"老师,您回来了?"我带点玩笑说:"是的,是不是不希望我回来呀?""没有,没有,我们很想念您的!"虽不知学生有多少真心,但我能体会到他们的友好、他们的善意,我心中暖暖的。

接下来发生的事既在意料之中,又在意料之外:我感到这些班似乎由原来的几股绳慢慢地拧成一股绳,课上我讲解时,能变得很安静,在慢跑时如果提出"两两对齐不讲话"等要求,学生们也能做到做好,课中安排素质练习,绝大部分学生都能认真完成。一些原来调皮捣乱的学生似乎也能安心听老师讲话了;有个别学生如果在不该讲话的时候讲话,一定会有同学提示:"不要讲话!"更更要的是,课中你总能捕捉到每一个学生求知的眼神。

成功的教育不是简单的说教,也不是居高临下的训斥,而是爱和信任的力量,是一门艺术,更是一种谋略。

◆ **专家点评:**

陡然看到蒋玉红老师的文章题目时,心中并没有底。心想,现在中学老师的体育文章看得多了,无非是那样几个套路:题目要学术性的(唬人用),内容要泛泛的(可留有余地)。作者自己的东西看不到,引用的文献则是一大堆。既没有课堂实际的讨论,也没有教学心得的交流;既没有浅显的语言表述,也没有真情实感的流露。看上去理论上一套一套,可就是不着中小学体育教学的边际,不解决体育教学改革中急需探讨和解决的实际问题。似乎做学问就应该是阳春白雪,就应该是雾里看花,那才叫学术,那才叫大学问。

然而这并不是体育老师的责任,它是我们这些自谓整天是搞学术研究的人所应该反省的问题,是社会环境的责任。君不见:你要上职称,行,那就得写出像样的论文;你要发文章,行,那就得符合论文发表的规范。结果是,本应轻松活泼的体育教学心得、体育教学经验,一篇篇都成了新时代的八股文,还美其名曰"学术"。

读完蒋玉红老师的文章《体育教育之谋略》之后,确有着一种眼前一亮的感觉:我不仅欣赏那文字的清新、流畅,更重要的是透过字里行间,看到了作者对体育教学改革所流露出的点点真情,对体育教学艺术的不断追求,对学生的那份真挚的爱。

新时代的体育课是什么?新时代的体育课不是把过去的一切推倒了重来,而是在原有体育课教学基础上的扬弃。所以作者在文中非常明确地表达了自己对新课改的基本认识:谁都知道新课标强调"健康第一,以人为本",可现在有许多学校老师的理解是"学生爱干什么就干什么",上课集合一下就发几个球,至于学生在课上学到了什么,无从知道,从而使现在的体育课形同"放羊"。作者认为,学生的要求不能说不对,但体育课毕竟是体育课,正处于生长发育期的中学生,合理地进行身体素质练习和运动技能训练是必要的。既要照顾学生的学习兴趣,又要考虑到体育教学的应有特征,还得体现新课改教育的基本理念,作者正是通过这样的矛盾冲突提示了当前体育教学改革中存在的一系列表层和深层的问题。

　　本文的巧妙之处在于作者并不是通过一般的理论说教讨论问题,而是借助一个新授男生班师生之间的角色转换过程,紧密结合自己长期从事体育教学的实践,发表自己的教学感想,畅谈自己的教学思考。作者通过"欲擒故纵""抛砖引玉""擒贼擒王""树上开花""反客为主"等一个个具体的教学情节,向人们展示了作者要讨论的主题:体育课教学是一门重要的艺术,体育老师要始终抱着一颗对学生的爱心。所以,作者最后得出的结论是:成功的教育不是简单的说教,也不是居高临下的训斥,而是爱和信任的力量,是一门艺术,更是一种谋略。

——罗时铭①

---

　　① 罗时铭:东北亚体育史学会理事、中国体育科学学会体育史分会常务委员、史学博士、苏州大学体育学院教授,博士生导师。

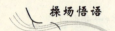

> 每个老师都希望自己的学生品学兼优、阳光自信。为了学生,每个老师都会用上"十八般武艺",或慈母般,或严父样。且看我是用什么方式爱我的学生们的……

我用这样的方式爱你们,我的学生们

在苏州市大力推进优质教育资源均衡发展、初中校重新布局调整之际,我受教育局之命来到了苏州市草桥中学校(原苏州市虎丘实验学校校区)担任管理工作,并任教初三年级的体育课。

我始终认为,一名教育工作者,首先应该是一位好老师,能上好每一堂课,能教好每一位学生,这是每一个教师本职的专业技能。所以不管我的学生是城里孩子还是乡下孩子,是本地孩子还是外地孩子,我的责任和使命是一样的。

与我之前任教学校的学生相比,我的这些新学生有着明显的不同,他们大多来自外来务工人员家庭,很多孩子的父母都是在附近做一些小本生意,家境多不宽裕,有些还为生计所困扰,他们对孩子的关心、教育相比本地学生的父母而言要少得多。很多学生学业成绩不理想,且行为习惯相对较差。对此,我在担忧的同时,更感受到一种迫切的责任。于是,我产生了一种强烈的愿望,希望能通过我的体育课改变他们一些什么。

刚开学的几堂体育课,不知是出于陌生还是因为我严肃的表情,学生的表现比我预料的好,感觉都很配合,对我的常规要求都能认真去做。见此情景,我心中大有一展身手之意,想让他们的每堂体育课都有更多的收获:能感到很快乐,能感悟出一些人生哲理,能掌握一些体育技术技能,能有效地提高身体素质,能改善自己的行为和习惯,能有不懈追求、敢于挑战自我的品质……

可是,随着时间的推移,学生的一些变化让我感到困惑和失望,偏离了我理想课堂的最低要求:他们会因课堂外的一点风吹草动就转移注意力且大声指点,他们会对老师所新授的技术技能像看戏一样兴奋不可控制,他们对老师所讲的"技巧""篮球违例""排球垫球""贴烧饼游戏"等体育术语表现出了无知与茫然,他们会对老师上课时点了某一同学的名或让某一同学出来示范而莫名骤然起哄,他们中有人在老师正常讲解时会随意地冒出一句脏话,并且会在分组自主练习时动不动就跳起来追逐打闹……这不是我想要的课堂,这不是我理想中的学生。我的心情远没有了一开始的轻松,原来纯粹的体育技术技能教学课也变得复杂化了,我的学期教学计划也做了很大的调整。

人的一生会遇到很多人,那是缘分,教师的一生会有很多学生,那是财富。遇到这样一群孩子,我该用什么方式来爱他们?

一、"让优秀成为一种习惯"

所谓习惯,是一种常态,一种下意识,一种自动化,一种经过长期培养历练而形成的自然而然的状态,一种无须思考即可再现的回忆。一个志存高远的人,必定将追求优秀作为自己的人生目标,作为一种近乎本能的习惯。我希望我的学生们都能让事事追求"优秀"成为自己的习惯。

看到正处于生长发育高峰期的学生们站没站相,走没走样,说话时眼神游离,双脚抖动,还经常在背后做小动作,我决定每周都安排队列练习内容,要求他们听到我口令时能做出相应的动作,如听到"立正"口令时,必须做到"头正、颈直、眼平视、颌微收;挺胸、收腹、臂下垂、指并拢……"。我打心眼里希望我教过的学生做任何事都追求卓越,处处以达到"优秀"来要求自己。

一次技巧课结束,我布置值日生归还垫子并要求他们把垫子叠放整齐,等我与一学生谈完话后,就有器材保管员跟我开玩笑:怎么蒋老师教的学生做事也不怎么到位?一问才知我的学生们归还的垫子放得很不整齐。这不由让我想起美国斯坦福大学心理学家詹巴斗曾做过的"破窗理论"试验:詹巴斗找来两辆一模一样的汽车,一辆停在比较杂乱的街区,并摘去车牌,打开顶棚,结果一天之内就被人偷走了。而另一辆停在中产阶级社区,过了一个星期仍安然无恙。后来詹巴斗用锤子把这辆车的玻璃敲了个大洞,结果仅过了几个小时,它就不见了。试想:如果这个班学生没把器材放好,那下一次使用时会放得更乱。借这样的机会,在接下来的一堂技巧课结束后,我把上次课学生的"不到位"跟学生做了通报,强调"事情要么不做,要做就做好"。我一方面安排值日生归还垫子,另一方面安排学生做监督。我发现这次他们把垫子放得非常整齐,于是我肯定加表扬:你们是可以做得很好的,希望你们以后让优秀成为一种习惯!

我发现,每当我表扬他们时,我总能看到坚定的眼神,看到坚毅的脸庞,且大部分学生能很好地完成课堂上的任务。我想,为了这坚定的眼神和坚毅的脸庞,我要尽我最大的努力引导他们,教育他们。所以,我的每堂体育课都充满激情。

渐渐地,当有人有不文明的行为或事情没做好时,队伍中就有人提醒;当布置相关技术技能学习时,他们也基本能达到我的要求。而我对他们的喜爱与日俱增。

我坚信,或许他们心中已种下了一些"优秀"种子,只是需要时间、阳光和雨露不断地滋养。总有一天,这些"优秀"的种子会发芽、开花和结果。

二、"服从也是一种品德"

美国名将巴顿是美国历史上最张扬、最强悍却又最懂得服从的四星上将。关于服从,他曾说过:"服从不止是一种品德,更是一种责任。如果你不懂得服从,或者打了折扣去服从,不仅会损害团队的利益,甚至会成为潜在的杀人者或自杀者。"

中学阶段是学生人生观、价值观、世界观形成的关键时期,用主流的规则、文化、活动等来引领他们的成长是学校教育的重点,所以我们才会有很多的课堂常规,有校纪校规以规范学生的言行。

我希望我的学生们有一种灵动的气质,希望他们在遵守原则的基础上张扬自己的个性,可是,我的一些学生常常无视"规则"。

可能是天气渐冷的原因,个别学生着牛仔裤、休闲裤上体育课,我只是提醒他们下次要穿运动裤,并没采取其他措施,因为上体育课穿运动服是共识,我想学生下次肯定不会再犯。谁知,接下来每堂课总有个别学生不遵守规则,以至于体育委员大叫,说是因为老师对他们要求不严才这样的。

看来,他们又忘记了规则。"那你们说怎么办?"看着可爱的女体育委员,我笑嘻嘻地问。"让他们跑十圈,这样他们就记住了。"几个学生也附和着。"大家有没有什么意见?"我看着大家大声问。"没有!"这下他们找到了大声喊叫的机

会。"这样吧!十圈多了一点,今天就跑四圈,下次每违规一次就加一圈,这样也好把损失补回来。开始吧!"就在大部队有序跑出时,穿着便装且很帅气的男生李磊跑到我跟前:"老师,请问,你不允许穿便裤的原因是不是以为它不能运动?我这条裤子是可以运动的。你这样规定是不是太死了?""不仅是运动的需要,更是体育课堂常规的要求。""可是我这条裤子是可以运动的。""你先去跑步,一会我再解释,好吗?"李磊同学倒也蛮听话,追上队伍跑步去了。

等同学们都跑完回到队伍里时,我把刚才李磊同学的问题抛给大家,有同学嘀咕:"体育课本来就应该穿运动服的嘛。"我心中暗喜,借机因势利导,告诉大家:"同学们,蒋老师今天请你们记住一句话:服从也是一种品德!作为中学生,我鼓励大家有创新精神,希望大家能拓宽思路,但是,我们同样记住要服从校纪校规,服从各项规章制度,因为自由首先是建立在遵纪守法的基础上的。"看到大家没有了异议,我想至少他们今天已做到了服从。

三、"经历是一生财富"

有人把人生比作一部书,每一次经历就是书中一段插曲、一段故事或一个篇章。任何经历都是一种积累,积累得越多,人就越成熟。

对学习生活相对单一的在校中学生而言,我们除了教会他们书本上

的知识和技能以外,更多的要让他们实践感悟,体会创造的乐趣、成功的喜悦、合作的愉快。而在室外教学以身体练习为主要特点的体育课是一个最好的平台。

"今天,我们学习技巧……"我话还没有说完,学生就问:"老师,什么是技巧?"

"你这样是'走步',而你这样是'两次运球'!"安排初三男生篮球教学比赛时,我提醒道。"什么叫'走步'?什么叫'两次运球'?"初三男生居然一脸茫然。

"从今天开始,老师让我们每个同学在准备活动时带操,每堂课4位同学上来带操,每位同学带2节四八拍的操,不得重复,鼓励自创,最好是镜面示范。""啊?什么是四八拍?什么是镜面示范?"同学们面面相觑。

"好!刚才我们尝试了一组单脚跳(30米距离,左、右脚各一次算一组),接下来还有两组,希望大家要比刚才一次做得好。"刚想顺势而下,有同学就嘀咕:"还要做?"

"今天还有十分钟的时间留给大家玩古老的'贴烧饼'游戏,知道怎么玩吗?""不知道!是不是贴在草地上滚动?"有学生热切且自作聪明地说。

……

每当这个时候,我总是无语和隐隐的心痛:是《体育与健康》课程标准给了大家模糊的概念还是《国家学生体质标准测试》和中考的压力损耗了太多的时间?为什么到了初三还有这么多的体育知识、技术和技能学生没有掌握?体育的内容怎会变得如此单调?是我们的学生和老师都没有了标准和方向吗?

我没有选择,我唯一想的就是只要我教过的学生都必须了解、学习、体会初中阶段该掌握的体育知识、技术和技能。于是,我总是耐心地讲解和示范,教他们学和练,尽管我要花更多的精力。

老师应该是为学生创设无数经历的工程师,这种创设不仅在课堂上,还在与学生相处的各项活动中。作为一名体育老师,课堂上要让学生学习并掌握各种各样的技术技能,课堂外要组织学生参加各种各样的体育活动,尽可能让学生通过各种活动丰富校园生活,提高各种能力,尤其是通过这样的体验积累人生的书页。因此,我在课堂上不仅按课标要求完成各项技术技能教学任务,还收集各种可开展的运动或自己创编的游戏、素质训练方法,利用自己分管体育工作之便,倡导大家组织校级、年级、班级的各项简单易行的小型竞赛等。所有这些,我相信都能对学生的一生有用。

我想,不管这些学生们现在能不能理解,我都要用这样的方式在爱着他们,至少让他们能在体育课上多体验、多体会、多磨练、多收获。

四、"人要有尊严地活着"

"尊严是一种什么?"当我写到这里时,我大声征求在大学工作的先生和正在读高中的儿子。虽然课上课后我一直跟学生说的话是"人要有尊严地活着",但我很想与前面的几个标题有点对仗,用"尊严是一种……"来概括。

"尊严是一种底线。"正在家里来回踱步的先生思考了一下回答我。

"不对,尊严是一种力量!"正在做作业的儿子反驳道。

是啊!对一直重视大学生思想工作的先生来讲,在日常的教育中,他们强调的尊严是一种底线,没有了这根底线,已成年的大学生教育就无从谈起。而对正处于青春期且处于被教育的儿子来讲,尊严是一种力量,为了这种尊严,他们要努力学习,积极表现。他们都说得很对。其实我想表达的就是"人要有尊严地活着",于是我还是用了这个标题。

我的这些学生的家庭教育大多存在很大问题:有些家长忙于生计,没有时间和精力来关注孩子的教育问题;有些家长因为自身文化素养不高,缺乏正确的教育方法;一些家长自认为自己没文化而生意照样做得不错,所以根本不在意孩子的学习状况……在这样的家庭环境下,我的一些学生们变得生活没目标,学习没动力,很多常识性的知识一概不知,有的冲动易怒，有的消极懈怠，有的内向寡言。总之，缺少了我想要看到的大气和灵性。

每周三的体育课我都会安排跳绳练习。我发现一位浓眉大眼、身材健壮的男生没带绳子（学生都习惯带自己的绳子），大家练习时他站着一动不动、低头不语，我说没带绳的就做原地高抬腿，他倒也做了。可是连续两周跳绳练习他都没带绳，边上学生随口说他"有病"，说他从来就没有带过绳，也从来没跳过绳。

下课后，我留下了这位叫李坤的同学，可是无论我怎么问，跟他讲话，他都面带微笑一言不发。由于对他了解不多，也为了给彼此一个台阶，我说："这样吧！你先回家抓紧悄悄练，下周三课上我看你的表现。"他没说好也没说不好，可我觉得他好像心有所动。

又一周过去了，李坤同学仍然上课不带绳子，借给他绳子他也不要。课后我略带气愤地找他谈话："我给了你足够的理解和尊重，你的回报是什么？你觉得这样很酷？你想证明什么？不会老师可以教你，你也应该努力学习。在老师眼里每个学生都是一样的，老师从没有放弃过你，你为什么对自己不负责任？今后到了社会上，你也这样证明自己的无能，然后在别人嘲笑中苟且吗？社会会给你这么多的机会和耐心吗？老师最看不起不懂得自尊的人！"不知是哪句话起了作用，我看到他一直微笑的脸变了一下。

又一周的跳绳课，我和所有同学都惊喜地发现李坤同学带了绳子，而且在课上也跳了起来，虽然一分钟才跳了 40 个，但确实让我很高兴，我感到与学生的心更近了。

在我眼里，任何一个学生都是天使，或许这是我为人母的原因。我想如果每个老师都能把学生当作自己的孩子，那么就会看山是巍巍矗立的山，看水是波澜壮阔的水，看任何学生都是可爱优秀的学生。作为老师就应该海纳百川，用博大的胸怀接纳每个学生，多一点宽容，多一点欣赏，这样就能帮学生走出困境，打开思路，插上理想的翅膀，就可以让他们变被动学习为主动，变自卑为自强，变平凡为优秀！

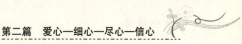

> "考试"这个词常常会被人列为应试教育的罪状之一,这是对"考试"概念的误读。事实上,"考试"能力也是学生综合素质的一部分。如今,当体育还不能成为人们的日常生活习惯时,我是这样做好体育"考试"这篇文章的……

教无定法,做好体育"考试"文章

近年来,在全国范围内大力开展阳光体育活动、实施《国家学生体质健康标准》、把体育列入中考考试科目等,目的都是为了增强青少年体质,促进青少年健康成长。作为一名长期工作在教育一线的体育工作者,在课堂教学实践中,学生体育课堂练习中的主动性和积极性问题始终是我的关注点之一。一次课堂上的"疑惑"引起了我的思考——"考试"与学习的主动性和积极性有无关联?本文拟从多种角度阐述体育"考试"对学生参与体育活动的主动性和积极性等方面的影响。

【疑惑】 莫非,学生的练习主要是为了考试?

周二,上午第三节课是初一(7)、(8)班女生的体育课,本课主要教学目标为:学生能牢记"一插二夹三抬臂"的排球垫球技术要领,两人一球能连续对垫三个回合以上。进入到学生自主练习教师巡回指导环节时,我发现部分学生并没有如我所期待的那样积极、主动、不浪费一分一秒地练习,而是得过且过,甚至有几个同学练了几次就到边上悠闲去了。无意中,我还隐约听到有一学生在讲:排球不会考试吧!

难道学生都是为"考试"而练?

周四下午第二节课,又是初一(7)、(8)班女生的体育课,本课仍然安排的是排球垫球技术,技术上的教学和组织基本与周二相同,唯一不同的是我跟学生强调排球垫球是我们这学期的考试内容之一。同样进入到学生自主练习教师巡回指导环节,这节课学生所表现出来的积极性、主动性与周二课有很大的反差,每个学生都在专注地练习,相互探讨,甚至还有小组因同伴达不到要求、配合不顺而抱怨。我每巡视到一处,都有学生问:"老师,帮我们看看对不对?"

同样的教学对象,同样的教学内容,一次没有强调考试,一次强调了要考试,然而学生练习的积极性和主动性、掌握技术技能的程度,以及随之而来的运动量却有着显著的不同。

难道学生对"考试"有着本能的反应,而且已经上升到自觉的行为?

【观察】 学生对考试与不考试授课内容的不同反应

随后的体育课,我有目的地在所授内容是否"考试"上做文章。例如,在进行中长跑内容的教学时,如果我布置学生不计时跑两组500米(学生一般认为计时就是考试),她们都会在2分15秒到3分钟内完成。如果我拿上秒表说计时,学生则在1分50秒到2分10秒内就能完成。遇到800米练习,只要不计时,总有学生以生病为理由要求少跑些、跑慢些,或干脆中途停下来。但当我宣布是考试时,她们又似乎身体都好了,并对我所讲解的长跑中"极点"现象,以及如何体验"极点"和克服"极点"听得津津有味。跑步过程中,学生们像在完成一项任务一样拼搏、坚持,且成绩都很理想。

再如学习武术,如果我不强调考试,学生们在练习时虽也认真,但一点也没有武术的韵味;如果我在学习前先向学生明确:武术的组合拳是考试项目,并强调考试标准主要看动作是否熟练,基本功是否扎实,能否表现出"精、气、神"等。在练习时,我不断强调哪些动作是重点考试的部分,哪些动作在考试中所占比重比较大。如此一来,学生所表现出来的水平就远远超过我的想象,无论是马步还是弓步,冲拳还是架打,都很有武术神韵。

【采访】 问:"你对中考增加体育测试和高中实行体育会考有何感想?"

对象——初中文化课教师

答(神情有点烦躁):现在什么都要考,数学、语文、英语、物理、化学、政治、历史,还有地理、生物等会考,现在体育都要考,简直是悲哀。这其实是在不断增加学生的负担,更在增加老师的负担,学生考了还要比高低。现在的教育都在应试,减负喊了这么多年,却愈演愈烈,何时能了!

对象——高中文化课教师

答(神情有点愤慨):学生都成了考试的机器,这一代人的创新精神如何培养?素质怎能提高?放放他们吧!

对象——初中体育教师

答(神情有点欣慰):现在看来只有考试才能引起社会的注意,引起家长的重视和学生的重视。目前,学生的体质确实不如十几年前,像温室里的花一样经不住风雨。这几年初三体育中考后,很明显六年中学生活中,初三学生的体质是最好的。所以我们提倡体育要考试,这与文化课考试是完全不同的性质,初中学生正处于生长发育期,加强体育锻炼是符合科学规律的。如果"考试"能强化学生的锻炼意识,促进学生的健康成长,那么不必在乎过程,我们的目的能够达到就行。

对象——高中体育教师

答(神情有点期待):体育应该考。现在很多学校在高考指挥棒下,不断在占用学生锻炼的时间,有些住宿制学校,早上学生五六点就在教室,晚上十点多还在教室,学生没有一项爱好。现在的学生在情感上已有了很大的缺陷,今后如何能胜任各项工作?如何能立足社会?

对象——大学教师

答(神情有点企盼):体育应该考,考试内容不仅要包括身体素质,还应该有专项,要使学生在中学阶段能掌握一到两项体育项目并成为自己的特长和爱好,更要让学生掌握锻炼的方法,提高自我锻炼能力。现在,一小部分学生因为在中学所有的行动都是围绕高考,到了大学,突然发现没有了追求,没有了压力,不再需要与"题海"作战,老师也没有中学那样盯得紧,加上自己多年来一直忙于书本学习,没有爱好,就沉湎于网络,荒废学业,辜负了社会、家长的期望。这些都给我们敲响了警钟。

对象——非毕业班学生家长

答(神情有点兴奋):学校开展阳光体育,尤其是冬季长跑后,我家孩子的体质明显比以前好,也不太感冒发烧了。孩子正在发育期,如果要在孩子的学习和健康上做出选择,我们选择孩子要有健康的身体。

对象——初三毕业班学生家长

答（神情有点担心）：孩子到了初三，学习任务很重，压力很大，但每周三节体育课保证了孩子的锻炼，我们很高兴。至于体育中考，好是好，上面也是煞费苦心，确实能提高学生的体质健康，但不要标准太高，最好能让孩子通过正常锻炼都能达到，这样我们压力就小一些，毕竟现在学业竞争比较激烈。

【思考】 文化考试与体育考试对学生的影响有何不同？

文化考试与体育考试都是教育过程中的重要环节，是目前教育中较能体现教育公平性的一种手段。正确发挥考试的教育功能，在于考试的内容、方法以及对考试结果的使用等。

应该说，文化考试不仅可以提高学生的文化素质、学习能力、心理素质，还能磨练学生的意志，培养合作精神，使他们能面对失败，懂得知恩图报等。但是，当今过多的考试，尤其是应试教育，让我们的学校、家庭、社会渐渐轻视德育、体育、美育和劳技教育，忽视学以致用，从而僵化了学生的思想，扼杀了学生的创新潜能，造成不少学生视野狭窄、高分低能、身体心理素质脆弱等现状。以上初中和高中文化课老师的烦躁和愤慨就源于此，因为各种考试不仅给了学生压力，同样也给了教师压力。尽管大家知道体育考试不同于文化课的考试，但是惯性思维导致他们有这样的认识，我们完全可以理解。

而从以上两节体育课学生的表现以及其他人群的采访中不难看出，体育考试在某种程度上正在缓解应试教育所带来的弊端，通过体育考试，引起社会、家庭、学校对体育的重视，让习惯于考试的学生产生自觉的行为，最终既增强了学生的体质，又把时间空间还给了学生，何乐而不为？

【攻略】 让体育"考试"成为促进学生体质健康的"令牌"

在我国现行阶段，要引起社会、学校、家庭全方位的关注和重视青少年的体质健康，"考试"这一举措实为无奈而又高明之举。但是，单纯的"考试"还不够，需要在以下几个方面加强攻略。

1. 把开展学校体育工作作为规范办学的重要标准之一，更作为考核学校的重要指标之一。

学校体育工作应该带有强制性，各级各类学校首先必须开齐开足体育课，让课堂教学成为加强学校体育、增强学生体质的主要渠道。其次是保证学生每天有一小时的体育锻炼时间，把开展丰富多彩的大课间活动、课外活动作为学校课程体系的必备部分，在时间和空间上保证学生的体育活动。每个校长要把上级关于体育的文件精神转化为办学的指导思想，转化为学校的管理制度和措施，并上升到一种文化精神。任何学校和个人不得随意减少或挤占学生体育活动的时间，否则应作为违规办学予以处理。只有这样，学生体质健康和体育工作才能真正得到大家的重视。

2. 把课程改革进一步落到实处，让学生在中学阶段不仅能增强体质，还能较好地掌握一到两项体育技术技能，并努力将之培养成自己的爱好和特长。

新一轮课程改革已启动几年，但各地各校因受认识不同、重视程度不同、气候条件不同等因素影响，至此没有达成一种共识，一些地区在积极尝试并全面实践，一些地区仍然没有多少改变，还有一些地区试行了一阶段又回到了原来的起点等等。《课程标准》为各地区各类学校提供了理论和实践上的指导，但这还不够，必须要有行政上的统一政策，才能真正将之落到实处。

3. 进一步提高体育师资队伍的基本素质和专业素质。

师资队伍的专业素质提高不能仅仅局限于现职教师的培训，还要重视高等院校的人才选拔以及师范院校的人才培养模式和培养方向。因此，一方面要重视在职教师的职岗培训，另一方面要从长远打算，对体育院校师范生的培养提出更高的要求，尤其要在教学理念、专业水平、中学教师素养等方面加强培养，为中小学培养和输送更多的优质体育人才。

4. 把体育纳入中考和高考科目，并适度加重比值。

目前，各省、市体育中考所占中考总分的比值相对不一，也只有部分省、市实行高中体育会考，这些举措还远远不够。要在较短时期内有效地提高当代中小学生的体质健康水平，强化体育"考试"意识，适度加重体育"考试"的分值比重，加强"考试"的执行度是最佳的方法和途径。如果每个人形成了终身体育观念，并把体育融入自己生活，那就无须再将体育"考试"作为学生体质健康的"令牌"了。

附：体育与健康实践课教案（水平四）

年级：初一　　班级：（7）、（8）班女生　　第2课时

教学目标	1. 学生知道排球运动对人体的健身作用，能记住正面双手垫球时手臂插到球下，用腕关节以上10厘米左右的部位击球等常识。 2. 80%以上学生移动时人到球到，并能做到"一插二夹三提"的垫球技术，30%以上学生能较好地控制球的力量。90%以上学生能较好地完成素质练习的要求。 3. 学生乐于学习，认真思考，互相合作。				
教材内容	排球正面双手垫球　素质		场地器材	体育馆、软排22个、硬排1个	
教学重点	能较好地做出"一插二夹三提"的垫球技术		教学难点	控球的力量	

教学程序	教学内容	水平目标	教学方法		组织形式	时间强度
			教师活动	学生活动		
准备部分 10′±	课堂常规： 1. 体育委员整队、检查人数、服装 2. 师生问好 3. 宣布本课教学内容 4. 队列队形：裂队—并队合队—分队错肩—对角综合练习	强化养成教育和组织纪律性 培养自律意识和集体主义精神	语言要求 讲解、比喻口令指挥、语言提示	 体会、练习动作	四列横队密集队形，如下图： ♀♀♀♀♀ ♀♀♀♀♀ ♀♀♀♀♀ △♀♀♀♀♀ ★ 裂队—并队 合队—分队 错肩—对角	1′± 小
	准备活动： 1. 利用上述队列队形慢跑 2. 徒手操 3. 移动练习：并步、跨步、交叉步	做好身心准备 发展学生的反应速度和灵敏性	提出要求，语言提示 讲解、示范口令	排头带领，根据口令及提示跑进 根据要求进行练习	四列横队练习队形	5′± 中下 1′± 中下

续表

教学程序	教学内容	水平目标	教学方法 教师活动	教学方法 学生活动	组织形式	时间强度
基本部分 30′±	▲排球正面双手垫球 "一插二夹三提" 插：两臂伸直，插到球下 夹：两臂夹紧，含胸收腹，用两前臂的平面击球 提：提肩送臂，身体重心随球方向移动 重点：快速移动到正面，两臂夹紧，用两前臂的平面击球 难点：控球力量	1. 明白正面垫球的要点与作用。掌握排球垫球方法 2. 培养自主练习能力、自我评价能力 3. 逐步增强自尊与自信	1. 讲解示范 2. 提出重点、难点 3. 巡回指导 4. 鼓励激发，及时评价	1. 观察 2. 尝试练习 （1）两人一球，互换连续自垫 （2）方向不固定的一抛一垫 （3）两人一组自主对垫、比赛 3. 自我、相互评价 4. 在练习中体会不同距离的用力感觉	四列横队练习队形	1′± 3′± 8′±
	▲素质练习 "追球" 规则：教师鸣哨同时向前滚球，学生听到哨声后追赶球 重点：快速反应	发展学生的反应速度与灵敏性	教师讲解，示范，鸣哨滚球，及时提醒与鼓励	听到哨声及时做出反应，快速追球	八路纵队练习队形	2′± 中上
结束部分 5′±	放松操 "32步"放松舞 小结 布置归还器材 师生再见	调整身心 发挥激励，学会评价与自我评价	提出要求，口令、示范引领鼓励、启发学生小结 客观评价上课情况	随示范听口令练习 对上课学习内容进行评价 值日生归还器材	四列横队练习队形 四列横队密集队形	2′± 小

续表

教学程序	教学内容	水平目标	教学方法		组织形式	时间强度
			教师活动	学生活动		
生理负荷预测	(心率曲线图：纵轴心率 30–180，横轴时间 10–45 分钟)		平均心率 120± 练习密度 50% 愉快感		课后小结 在自主练习时，部分学生并没有如我所期待的那样积极、主动、不浪费一分一秒地练习，而是得过且过，甚至有几个同学练了一会就到边上悠闲去了。无意中，我还隐约听到有一学生在嘀咕：排球不会考试吧！一丝疑虑在我心中闪现，下次课我得改变策略。	

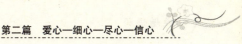

> 有人说,"能把复杂的事情简单做的就是专家"。教师的主要工作就是教书育人,如何把握教材的重点,分析教材的难点,是教学研究的重中之重。那如何让"难点"不难?以下是我的理解……

换位思考,让"难点"不难

在观摩体育教学公开课或观看教学录像片断时,我们会发现体育教师在宣布教学内容或在技术教学讲解时,会清楚地把教学"重点"和"难点"同时告知学生。把课的"重点"告知学生是教师把握教材能力的体现,更是让学生明确学习的关键所在。但是,把课的"难点"向学生说明,我认为既没必要,也对教学目标的完成起不到积极作用。

北京教育学院体育与艺术学院陈雁飞教授对教学"重点"和"难点"的概念做了非常科学和全面的概括,她指出教学"重点"是指教材中最基本、最重要的核心部分,是学习后继内容的基础,具有常用性和应用性。在体育教学中是指身体练习的主要部分,即某一个身体练习的技术关键或技术环节的重要连接部分。教材的"重点"是客观的,它不以学习对象的不同而改变。可见,"重点"是针对教材和内容而言的,这需要教师研究教材。而教学"难点"包含两层意思:一是学生难以理解和掌握的内容;二是学生容易出错或混淆的内容。教材的难点具有主观性,它不仅与教材有关,更与教学对象的学习能力、身体素质等有关。可见教学"难点"是针对学生而言的,需要我们教师去研究学生。

基于以上的观点,结合二十年来的教学实际,我提出以下三个方面的理由说明在体育课堂上向学生宣布教学的"难点",表面上看是小事,但实际上起的作用却有"此地无银三百两"的感觉,且弊多利少。

一、体育课堂对学生宣布教学"难点"弊多利少

第一:"难点"虽与教学对象有关,但实质是教师的教学策略。

观看过一堂优秀的体育课,教学内容是篮球的区域联防,教学对象是八年级的学生。该课的教学目标一是学习篮球裁判手势操,争当一名篮球场上的裁判员;二是通过学习区域联防,提高团队协作防守能力和意识;三是培养学生良好的道德品质和团队精神,提高学生自主、合作、探究学习的能力。其实谁都看出这些内容对八年级的学生来讲是很难的,既要学生学习区域联防,还要把学的裁判手势运用到比赛中,但老师在课中没有提到"难"这个字,而是由简入深,循序渐进,不断鼓励学生,从这堂课的效果来看,学生掌握并运用得很好,自然而具有生命的韵味,有体育的"味道"。看着可爱的学生们有模有样地进攻、防守、裁判,让人觉得这位老师充满着智慧,相信这些学生们以后对篮球一定会很喜欢。

所以,"难点"是教师针对教材、针对学情而需要在教学过程中面临和解决问题的"难事",是经过一定的观察和实践后心中的"一杆秤",它还会随着课前"预设"的教学手段不断地随着课堂的"生成"而调整,不是一成不变的,是教师教学策略的运用,没有必要告知学生。

第二:学生能力各不相同,"难点"的确定要因人而异。

我们知道,学生的能力有差异,对技术的掌握也有快慢。对能力强的学生来讲,教师"预设"的"难点"也许不是难点,那么教师相应地就要区别对待,"难点"的确定随着这些学生的情况要有所改变。相反,对技术能力较差、接受能力差的学生来讲,"难点"的确定可能要根据学生的情况更具针对性,更要有相对应的方法。例如,初学单杠跳上成支撑——后摆转体90度下,对手臂力量强的学生来讲,他的"难点"可能是后摆的高度;而对手臂力量弱的学生来讲,他的难点可能是跳不上撑不住。因此,从这一点来讲,教学"难点"的确定是因人而异的。

第三:学习技术前告知学生"难点"会加重学生心理负担。

把教学"难点"在一开始就告知学生,犹如医生告知病人你的病很难医治一样,这是否会对学生的学习心理产生影响?

记得有一次听学校一位数学老师的常态课,老师在课上反复强调本

课所授的知识点是本章节中最难的部分。课后我特意看了学生课堂练习的情况和课后的作业,发现平时作业正确率一直很高的学生这次作业正确率却很低,就问:这节课真的很难吗?学生回答说:老师讲是很难的。又问:你以前所学内容,有比这节课更难更复杂的吗?学生指着作业本上另一个知识点说这部分也很难。但看了看那部分学生的作业,学生的错误率很低。就问:为什么今天的状态不好?学生回答:老想着老师说这个知识点很难,所以就一直在担心。

体育课教学中,确实有很多技术"难点"。从教学策略上来看,我们更应鼓励学生藐视一切困难,体验成功的乐趣。所以,课堂上不提倡强化技术"难点"的意识。

二、教学"难点"宣布要择时适时,因人而异

并不是说体育教学的"难点"不用说,在进行体育教学备课、参加说课时,我们应该把教学的难点交代清楚,并要把围绕"难点"所采取的策略和手段交代清楚。也并不是说"难点"不能告诉学生,当一个学生初学技术并能掌握这个技术时,教师为了鼓励、表扬学生,提高学生的信心,可以说"你看,这么难的技术都能掌握,你很了不起!"这时候的告知,比一开始就宣布要效果好得多。

我们现在提倡提高课堂教学的有效性,讲究教学的策略,增加语言的魅力,关注学生的心理。教学"难点"的宣布看似小事,却有着"无声胜有声"的效果。体育老师需要豪爽、大方,但在教学中更需要细致,关注学生,因材施教,这样才能更好地把新课程标准落到实处。

操场悟语

> 教育离不开学校、家庭和社会。走进学生家庭,了解学生生活和学习的状况,是每个老师的必修课。在"家访月"活动期间,我又一次得到了修炼。

"家访月活动"——教育生涯中的又一次修炼

真的很惭愧,我和绝大多数中学老师一样,每天重复着"两点一线"的工作与生活,除外出开会,基本都是早上7点左右扎进学校,晚上6点左右离开。因此,虽然我在苏州生活了25年,但我知道的地方却很少。如果没有这次集中"家访月"活动,我想,我真的不会知道苏州还有普福路沈埂上、大普济桥下塘、新塘社区新星路这些地方,又怎能说"师者为无所不知之楷模"?

真的很惭愧,我以为,依据当前的生活水准,给孩子营造一方宁静的学习空间,应该是每个家庭都能做到的。也以为,学校希望每个家长能关心孩子在家的学习似乎是天经地义的。如果没有这次集中"家访月"活动,我不会亲眼看到一些孩子是一家三口吃住在一个五六平方米的灰暗的出租房里,我更不会体会到父母都要晚上加班,每天回家后都是独自一人吃饭、做作业、睡觉的初中孩子是需要何种坚韧与自律。我怎能去说"现在的孩子怎么一代不如一代"?

真的很惭愧,在"家访月"活动启动时,作为学校组织者之一,要在一个月内完成近700名新生的家访,我曾担心过我们的老师会有怨言,会敷衍了事,更担心我们的家长不配合,不需要。如果没有这次集中"家访月"活动,我不会知道我们的老师原来如此乐观,如此用心,也不会知道我们的家长如此期待,对孩子的学习和生活如此倾其所有。

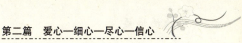

一、上下同欲,携手若一

教育局出台"家访月"活动,是在叩问教师之本分,唤醒教育之本真,是对教育工作者的一次考验。作为"人类灵魂工程师"的教育工作者,我们没有理由说做不到。

为了能让这次"家访月"活动成为学校的常规工作,成为每个专任教师发现孩子独特之处、提高时代性教育能力的途径,成为受家长欢迎、对家长有帮助的利好活动,成为学校传递教育思想、分享教育成果的良好契机,我们对该活动进行了一个多星期的备课。一方面,发告家长书、召开动员会、制作服务卡、拟定问卷和教师家访必备、分组等有序进行;另一方面,德育处安排了几位老师先行家访,以初步了解家长对"家访月"活动的心态。紧接着我们再次召开家访活动预备会,由家访过的老师在会上谈一些经验和感悟、注意事项等,尤其是家访过程中一些细节,也尽可能考虑到,如德育处提出不要求拍照、教务处提出自备鞋套等。

考虑到每个教师的能力不同、专业不同、兴趣爱好不同、与人相处的方式不同,为了能见到家长人人有话说,事事有文章,我们倡导一个最简单的方法,就是要求老师们把每个孩子当作自己的孩子来关心,把每个家长当作自己的亲朋好友来交流,努力让每组老师家访时目标一致,水准相近。

二、备足功课,且行且歌

随着社会对教育的不断关注,教师的压力越来越大,学校、家庭"两点一线"的生活方式让许多老师难以享受到工作以外的乐趣。我也有同样的感觉。因此,当我准备好要家访时,内心还真有点莫名的兴奋。从某种程度上来讲,我没有把家访当作一种负担,而是当作一种精神之旅。

我组的家访在第二周正式开始,与我一组的是英语学科的小星老师,她事前对我们所要家访的7名同学的住处先做了一下摸底,详细设计了行进路线,对没有把握的住址还利用晚上下班时专门去踩过点,她说免得在跟家长约好的时间内赶不到,影响人家的生活作息。小星是一个开朗乐观、细心用心的老师,她似乎也很期待这次家访,她说她下午埋头把两个班学生的作业批好,把第二天的课备好,然后一身轻松地去家访,并说这本来就是老师应该做的事,没什么了不起。

虽说之前我们大致摸清了学生家所在的位置,但真要找到具体的门牌还真不容易。由于我们家访的对象大部分是在苏租住房子的家庭,所以门牌号没有规律,有时在几幢楼之间要反复走几个来回、问若干人才能找到。即便如此,我们还是充满期待,因为我们迫切地想要知道我们面对的都是什么样的家庭。

三、换位思考,想人所想

当我们终于踏进第一位陶同学家里时,可以用惊讶和不安来形容我们一瞬间的心情:一个五六平方米的房间摆了两张床、一张桌、两张小板凳,我们俩只能坐在床沿上。环顾四周,屋内除了柜子上摆放的一台电视机,似乎没有什么贵重的家具,最亮艳的便是桌上竖立着的几本书和练习册。虽然如此,但是父亲很健谈,孩子也很阳光,交谈中我们了解到孩子的父母亲都在苏打工,文化程度不高,收入也不高,一心只为孩子的读书省吃俭用,希望孩子今后能超过父母。我们默默听完后不失时机地帮父亲说话,要求陶同学能理解父母的艰辛,用心读书等等。期间,教师的本能让我们随意翻看起孩子的作业来,当我们看到孩子认真的笔记、清晰且正确率高的作业时,毫不吝啬地大加赞赏。此时,我们看到家长是欣慰的,孩子是自信的。

为了能更好地了解学生在家的情况,以便针对性地进行教育教学管理,德育处和教师发展中心还设计了一份问卷,内容涉及孩子双休日在家做什么、是否会上网、是否给孩子买书、喜欢读什么书、孩子平时是否用手机、对学校有什么建议等问题。为了让这份问卷在自然的状态下得到答案,又不让家长感到拘谨和反感,我和小星老师做了一下分工,我负责跟家长"拉家常式"地聊,所聊内容基本围绕问卷主题,而小星负责捕捉信息进行记录和补充。其间有一个细节让我感触颇深:当我问起孩子双休日在家做什么时,陶同学一脸认真地表示主要是看书、做作业,偶尔看看电视。而此时这位父亲则表露出不满,说孩子常常上网打游戏。看到孩子与父亲急切的争辩,我给家长使了个眼色,让他不要再去戳穿,给孩子保住尊严。因为我相信这位有强烈自尊心的孩子一定知道上网玩游戏的不好,给他一个台阶,或许日后他会还大家一份惊喜。

如此,不知不觉就半个多小时过去了。临走时,我不忘问一下家长:真的很不好意思,我们家访耽搁了你们吃饭和休息的时间,不知你们是否欢迎这样的家访。家长急切地说:我们真心欢迎这样的家访,希望越多越好。

四、因人而异,急人所急

或许,陶同学的父母喜欢我们家访的原因是借助我们与孩子进行了一次思想沟通和教育,至少是在平和的环境下让孩子对父母有了一些理解与尊重。随后的两家家访对象我们同样以这样的模式进行,顺利而愉快。

渐渐地,我们发现家长对孩子的学习成绩关注度很高,有些家长对此甚至表现出焦虑与无奈。于是我和小星很默契地交换角色,小星老师充分发挥英语老师的优势,干脆检查起孩子的英语作业来,她对听课笔记和回家作业进行细心的查阅,对出现的一些问题及时进行纠正,尤其对孩子新学的知识点中容易混淆的地方进行提醒,一下子变成了"一对一"的家庭辅导。看到孩子豁然开朗的兴奋模样,家长喜上眉梢。

我和小星老师都不任教被家访的孩子,但是每当家长谈到"孩子比较内向""希望英语老师多帮助"等话题时,我会及时提醒小星老师迅速记录下来,并告诉家长一定会转告给班主任或任课老师。如此,我们的家访总是在和谐的氛围中结束。

今年的"家访月"活动即将接近尾声,但这项活动留给我们的思考很多。面对生源的变化,面对家长的期望,我们任重而道远,必须不断修炼,才能更好地为人师表,普济天下。

观念—知识—技能—方法

——体育教师的专业素养

有专家说：三流的教师讲知识，二流的教师讲方法，一流的教师讲基本思想和方法产生的过程。

我不完全同意以上的观点，因为不同起点的学生、不同学习阶段的侧重点是不同的。但对一名体育教师来讲，不断提升自己的观念，丰富自己的知识，提高自己的技能，优化自己的教学方法，才是最根本的。

该篇收录了我如何提高课堂教学效率、如何说课、我个人的支教经历、信息化教育与体育的关系、对课标的理解等方面的文章，从多个角度反映了我对体育教学的理解。

> 学校教育中,时间是有长度限制的,但宽度是无限的。我是这样来提高课堂教学的宽度的……

于细微处提高体育课堂教学的有效性[①]

一般而言,人们较多地关注文化课的有效教学,往往忽略体育课堂教学有效性的研究。事实证明,注重体育课堂的教学有效性能提高学生身体练习的密度,有效地提高学生技术技能水平,充分调动学生的积极性等,从而达到体育课堂教学的理想境界。

一、组织、调动队伍的简约性

与普通文化课不同,体育课堂教学中经常需要队伍调动。从队伍调动的效果来看,可以分"有效调动"与"无效调动"。"有效调动"是为了教师讲解、学生练习的需要,强调路线短、时间短。做到这一点就要求我们教师课前的备课要充分,设计要合理,空间感和临场反应能力要强。"无效调动"则是指挥不清,路线不明,费时费力,且不能满足讲解、示范和练习的需求。在我们的教学中,经常能发现两种现象,一种是教师平时训练不够,调动队伍时不用口令指挥,而是用"过来""过去"等随意语言,让学生摸不着头脑,队伍始终处于游动状态,不能进入下一环节的教学;另一种是教师过于形式,本来一个口令就能把队伍调动到位的,却要用各种花样,给人以忙碌不堪的景象。这些其实都不可取。中小学的课堂一般都是40分钟或45分钟的时间,如果队伍调动需要花掉十几分钟,那么学生的练习时间就更少了。因此,体育课堂教学中要强调组织、调动队伍的简约性。

---

① 该文刊于《中国学校体育》2007年第11期。

二、问题设计、情境设计或游戏的目的性

在体育课堂教学中,许多教师比较注重问题设计、情境设计或采用游戏的方式来调动学生学习的积极性,这是很好的教学方法,运用得好,确实能调动课堂教学气氛,培养学生能力。但是,我们也看到许多教师在运用这些方法时看上去热闹,其实是值得反思的。如果一个问题90%以上的学生都能回答,这个问题设计其实是无效的。这种缺少启发性、没有针对性、目的不明确、与课堂教材内容没有必然联系的提问应该避免。又如情境设计和游戏,一些教师一会把学生带到东坐下讲一会,一会带到西坐下讲一会,外人根本看不懂在干什么,至于一堂课学生学了什么技能,提高了什么素质,无从得知,那么这样的设计同样是无效的。因此,如果情境设计和游戏与课堂主要教学内容没有任何关联,既起不到诱导作用,又影响学生身体练习的质量,则是不可取的。

三、技术技能教学方法的实效性

新课程强调,教学目标统领教学内容和教学方法。因此,在选择教学内容和教学手段方面,我们要讲究有效性。如初中学生练习蹲踞式跳远,我们有些老师反复做徒手分解练习或腾空步练习,学生没有一个完整的动作体验,效果很不理想,这样的手段其实效果是不明显的。实践证明,让学生反复进行短程或中程的跳远练习,并在练习中提出要求,改进技术,学生不但乐于接受,学习效果也是很明显的。又如,学生学习篮球原地运球,初学者容易做出用手指"拍打"球的动作,如果我们能采用针对性的手段,教会学生垂肘用前臂以"勺型手"进行"按拍球"的动作,那么学生就很容易掌握动作,提高质量。可见,方法的应用要符合学生的实际。

四、场地器材准备的充分性和发放器材的合理性

我们很多教师课前不准备场所和器械,而是到了课中才让学生拿器械,这既是不负责任的表现,也影响了课堂教学的效率;还有一些教师课堂中发放器材缺少组织策略,不考虑发放器材的合理性。如学习篮球时,若我们让学生把球从排头有序地传至排尾或采用比赛快速递球的方法,

一定比让学生一哄而上要有效得多。因此,体育课堂的教学与组织其实有着太多的细节可以研究。

五、对学生终身健康的可持续发展性

体育课堂教学目的不仅是提高青少年的身心健康,更是培养学生终身体育的能力。因此,我们在教学中除了按课程标准完成教学内容,提高学生"三基"能力外,更要注重方法的指导,提高学生自我锻炼的能力。如提高腰腹肌力量,我们不仅要告诉学生常用的方法,如仰卧起坐、仰卧收腹举腿、俯卧撑等,还要告诉学生每次练习需多长时间、多少次才是有效的等等。

六、教学目标的达成性

衡量一节课是否有效,我们更大程度上看是否完成教育目标。如教学排球垫球技术,如果教学目标要求65%以上的学生能做出"一插二夹三抬臂"的动作技术,而实际不到15%的同学能做到,那么这堂课可以说是不成功的,一定存在教学方法和组织策略问题。所以,围绕教学目标完成教学任务是课堂教学有效性的重要体现。

此外,选择难易适宜的教学手段,充分调动学生的积极性,提高学生主动参与率等,同样也是我们在提高体育课堂教学有效性方面需要深入研究的细节。可见,于细微处提高课堂教学各个环节的质量,才能整体提高体育课堂教学的有效性。

> "说课"是教师专业技能之一。我参加过各类教学比赛,愿意跟大家分享经验与体会。

如何运用多媒体课件进行体育与健康理论课的"说课"

说课,是教师对所上课进行"所以然"的设计说明,也就是对一堂课的背景分析、学生现状、教学目标、重点难点、采用手段、解决什么问题的思路分析。它广泛应用于教学比赛、教学观摩、大学生应聘等方面。随着多媒体教学的发展,说课时已告别了过去一张讲台、一支粉笔、一个教师的知识传递过程,换之以各种各样的多媒体课件,有声、有色、有动画,把一些语言难以表达的内容很直观地表现出来。这受到了教师们以及面临就业分配的大学生们的欢迎。

年轻教师和面临毕业分配的大学生,面临着从一个接受教育的学生到一个教育学生的教师这种角色的转换过程,而对所上课说课的成功与否能评价一个教师或毕业生的教学理念、组织水平以及一些教师必备的基本功等。因此,能否把一堂课用"说课"的形式成功地展示给对方,有着极其重要的意义。

此处依据2001年江苏省举行的第二届中小学中青年体育教师教学能手比赛中运用多媒体课件进行体育与健康课程的说课形式、步骤、过程做比较分析;以省编教材中学《体育与健康》课程初二年级基础知识点三——"遇险不慌,正确处理——运动损伤预防处理ABC"的45分钟课堂教学为例,对如何运用多媒体课件进行说课做个阐述。

运用多媒体课件说课,首先要准备好多媒体课件,课件既可以是所授课内容的课件,也可以是专门为说课而准备的课件。前者过程详细些,后者对说课的针对性强些。不管哪一种,关键在于说课者无懈可击、承上启下的语言组织能力,娴熟操作鼠标的能力,还有对所说内容、所示画面的熟悉程度。这些都是说课的前提。

接着是设计的教学理念、对教材熟悉程度等方面的反映。包括交代所讲内容出自哪个版本的教材,第几个知识点,内容是什么,想传授什么样的教学理念,所教学生的背景如何,本课确定的教学目标是什么,重点难点是什么,并为此做了哪些准备等。如个案"遇险不慌,正确处理——运动损伤预防处理ABC",较合理的说课程序和思路应为:

本课的内容是:江苏省《体育与健康》教科书初二年级体育与健康基础知识三:"遇险不慌,正确处理——运动损伤预防处理ABC"。本课主要是由常见的运动损伤、发生的原因、症状、简易处理方法几个知识点所构成。初二学生活泼好动,自我表现欲望强烈,加上对一些运动常识的认识不足或因一些外部原因的影响,经常会导致一些运动损伤的发生,这将会给他们带来身心痛苦,甚至会影响学习与生活。为此,课中除常规教学方法和学法指导外,还采用了多媒体演示、"我来做医生"游戏、个案分析、分组讨论等手段,以期让学生了解常见运动损伤发生的原因,懂得有效的预防措施和简易的处理方法,为终身科学安全地进行体育锻炼打下基础。

为了能成功地完成以上的教学内容,本课依据教参,把教学目标确定为:学生知道常见的运动损伤发生的原因及预防,初步懂得并能模拟几种常见运动损伤的简易处理方法;能积极思考,乐于接受。教学重点确定为:运动损伤的预防和出现损伤后的正确处理。教学难点为:培养学生的实际操作能力。围绕这些重点、难点,课前做了精心的准备,制作了多媒体课件、教具,设计了游戏等,从而提高了学生学习的兴趣。

交代完这些后,接下来是对教学过程的说明,包括你所教知识点的时间分配,你所采用的手段,解决什么问题等。这是说课的核心部分,在个案"遇险不慌,正确处理——运动损伤预防处理ABC"说课时,较合理的思路是把教学过程分为三个步骤:

第一步:导入。主要是指课堂教学时传授知识点前为了吸引学生、导出本课主题而采用的方法手段。例如,为导入"遇险不慌,正确处理"的主题,一开始主要通过多媒体演示一些惊险的片断,以启发学生在遇到各种危险或伤害时应沉着冷静,尤其在体育运动中发生损伤后,更应采取科学的处理的方法,避免出现加重运动损伤的情况。这样,一下就切入到主题。本部分内容的课堂教学时间一般为2分钟。而说课时则短些,所要演示的片断也不必全部展示。

  第二步:传授新知。这是教学过程中的重点,也能体现一个教师的教学理念和教学水平,尤其在新的大纲和课程标准下,要注意新知能否体现出"健康第一,以学生为主体"的指导思想,是否注重了对学生实际能力的培养和个性的发展。因此介绍课堂知识点时,一方面要说出课中所采用的手段,另一方面要结合所说的内容展示多媒体课件。例如介绍教学知识点"运动损伤发生的原因"时,首先让学生打开书本,对教材课文中的"自我测评"进行练习,以了解学生对运动损伤的了解程度。接着通过让学生分组讨论,得出运动损伤产生的内因和外因并及时用多媒体展示,以加深学生对运动中安全和不安全的运动行为作出区分和评价。本知识点课堂教学时间分配一般为8分钟。在教学知识点"运动损伤的预防"时,主要围绕7个注意点采用多媒体展示,让学生展开讨论和分析,重点诱导学生懂得用安全的方法运动,在运动中避免粗野和鲁莽的动作等。本知识点课堂教学时间约用10分钟。又如在介绍教学知识点"常见运动损伤的简易处理"时,主要结合多媒体展示一些正确与错误的方法,通过设问,让学生分组讨论后作出回答,最后教师再用多媒体展示正确做法的画面来解决学生在发生运动损伤时的应急处理。说课时可简单介绍所列举的案例,例如:"一学生跑步时摔倒,感觉脚踝疼痛难忍,不能走动。此时,你会如何判断又如何处理?"等。通过这些教法手段的介绍,重现课堂教学中学生如何了解扭伤、擦伤、脱臼等运动损伤的症状及简易处理方法的教与学,充分体现本知识点是课堂教学的难点。本知识点课堂教学时间约为15分钟。

  第三步:巩固应用。这是为进一步加深学生对所学知识点的印象,突出课的重点难点而设计的教法手段的说明。例如,交代在"巩固应用"中主要设计了"我来做医生"的游戏,主要方法是组织学生两人一组,一组做受伤者,另一组做医生,以模拟医生和病人来提高学生判断和处理问题的能力,既巩固了课堂内容,又发挥了学生的想象力,提高了学生大胆实践的能力。课堂小结主要由学生上台讲述,既使学生巩固了所学的知识点,又给了学生表现的机会。本部分内容课堂教学时间约为10分钟,其中所演示的片断和手段要一一交代,但不必全部展示。

一个有一定教学水平的教育工作者,课中一定要懂得如何"串词",尤其是启发性的"串词",这能使学生的思维、兴趣集中到你想要进入的情境中。这在说课时可作一一介绍。

教育家认为:"一个真正的教师指点给他的学生们的,不是已投入了千百年劳动的现代的大厦,而是促使他去做砌砖工作,同他一起来建筑大厦,教他建筑。"因此,要使学生真正懂得课堂上学习的内容,掌握学习的方法,仅仅一堂课的学习是远远不够的。在说课后作业的布置时,主要介绍提供学生自主学习的方法。例如,为了能不断提高学生对运动损伤知识的了解,课后可提供给学生几个与教学内容相关的网址,让他们课后查找除书本上介绍的运动损伤的处理方法,教会学生掌握获取知识的方法。此外,有条件的学校可在校园网上设计自评、自测栏目,更好地为学生服务。

最后,对本课的版书设计和本课达到的预期效果、师生的交互性程度、学生的愉悦感等做一说明。

这样,运用多媒体课件进行"说课"就能较好地反映一个教师的教学过程和教学思路,达到了说课的真正目的。

附:参加江苏省第二届教学能手比赛室内课说课稿

遇险不慌,正确处理
——运动损伤预防处理 ABC

为了能更好地提高学生对体育与健康的认识,使学生具有一定的体育文化素养,提高体育锻炼的科学性和健康生活的知识和能力,我们每个中学体育教师都应责无旁贷地上好每一堂中学体育室内理论课。

一、课题:(初二教材)遇险不慌,正确处理——运动损伤预防处理 ABC

二、教学目标

(一)认知目标

知道常见的运动损伤发生的原因,并初步掌握几种常见损伤的简易处理方法。

(二)能力目标

能实际地模拟运动损伤的简易处理。

三、教学重点

运动损伤的预防和出现损伤后的正确处理。

四、教学难点

培养学生的实际操作能力。

五、课前准备

多媒体课件、教具等。

六、教学过程

(一)导入(2′±)

通过多媒体演示一些惊险的片断,启发学生在遇到各种危险或伤害时应沉着冷静,尤其在体育运动中发生损伤后,更应采取科学的处理方法,避免出现加重运动损伤的情况。

(二)传授新知(33′±)

1. 在教学运动损伤发生的原因时,本课分别采用了提问、多媒体演示、学生阅读等形式,使学生了解运动损伤产生的内因和外因,从而使学生懂得防患于未然的道理。

2. 本课的重点是运动损伤的预防,围绕这个重点,课中采用了多媒体展示、分组讨论、正误对比、假设推断、判断是非等形式,使学生懂得运动损伤的预防。

3. 本课的难点是运动损伤的简易处理,课中主要采用了多媒体展示、分组讨论、学生操作等形式,使学生掌握运动损伤的简易处理方法。

(三)巩固应用(10′±)

为进一步提高学生对运动损伤的认识,学会简易的处理方法,突出本课的难点,本课采用了个案分析、设问、分组讨论、"我来做医生"游戏等,来提高学生判断和处理问题的能力。最后由学生上台小结,既巩固了课堂内容,又锻炼了学生的能力。

七、板书设计

> 三、遇险不慌,正确处理
> ——运动损伤预防处理 ABC
>
> (一)运动损伤发生的原因:内因、外因
>
> (二)运动损伤的预防
>
> (三)常见运动损伤的简易处理
>
> 1. 外伤:扭伤、擦伤、挫伤、脱臼、骨折
> 2. 内伤:肌肉痉挛

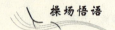

> 信息技术必然是一场革命。早在十年前,我就领略了信息技术带来的教育魅力,并尝试着在学科中实践与运用。

信息化教育在体育教育教学中的设计策略

计算机进入教学领域已有二十多年的历史,其间信息技术的飞速发展给教育带来了许多新的理念和新的教学策略。从最初的计算机辅助教学、人机对话到目前的网络教学、课程整合等,都标志着现代教育教学手段的多样化和先进性。体育与健康课程是一门以身体练习为主要手段、以增进学生健康为主要目的的必修课程,它具有鲜明的基础性、实践性和综合性,是中学课程体系的重要组成部分,是实施素质教育和培养德智体美全面发展人才不可缺少的重要途径。然而,由于绝大部分体育与健康课程在大自然中进行,在组织和教学形式上与其他文化课程有着很大的不同,尤其不可能经常使用网络教学,以至众多的体育教师对在体育教育教学中运用信息化教学感到困惑。因此,在体育教育教学中如何应用信息化技术是值得我们探究和思考的问题。

信息化技术与体育课程的整合并不标志着体育与健康课堂上必须要使用网络或计算机。2004年4月开始苏州市教育局组织市级学科带头人、网络教学能手等骨干教师组成信息化教育研究型教师进行了为期半年的培训。在半年多的学习中,教师们在上海师范大学教育技术系主任黎加厚教授的指导下,进行了收集信息能力、组合创造能力、教学反思能力等方面的训练和实践。通过建立BLOG网站、写叙事报告、画概念图、问题设计研究以及进行行动研究的实践,我发现信息化教育并不等于一定要借助信息化工具,而是通过信息的收集积累、智慧的迁移、教学的反思来提高教师或学生的创造能力,进一步提升教师的信息技术素养,努力实践将信息技术作为课堂教学中的新元素进行再设计,以实现激发学生智慧、培养能力、提升素质的教育目标。

此处将通过个案分析展示信息化教育在体育教育教学中的应用。

一、问题设计研究

我们知道,问题乃是通向理解的大门。如何精心设计单元和课程,才能帮助学生发展他们的理解能力？如何重新组织大量知识,才能使之吸引学生,帮助他们全神贯注地进行探究学习？一个关键的设计策略就是围绕着知识诞生的原始情境中发生的问题来建设课程,而不是教给他们课本中现有的"专家"答案。

附：中学生拓展运动课的设计

拓展运动

一、教学目标

中学体育教学的真正目标是为了每一个学生的健康,而健康包括身体健康、心理健康和社会适应能力三个方面。体育课作为实施这一目标的最基本途径,其内容和方法手段都应该围绕目标来选择。本课依据中学生的身心特点,把目前风靡全球的用来培养管理能力、心理素质及人格训练的成人拓展训练针对性地运用到中学课堂中,意在让学生磨练意志、陶冶情操、完善人格、熔炼团队,使学生在主动参与、和谐互动、合作探究和真切体验中充分获得愉悦,体验成功,战胜自我。

二、教学背景

现代的城市中学生一般都是独生子女,从小都是家中的宠儿,饭来张口,衣来伸手,且万事以自我为中心。我们在多年的教育教学中发现,这些孩子与人交往的能力、与同龄人的相互协作能力以及沟通能力都存在很大的问题。这些引起了我们教育工作者的关注。为此,在课堂教学中有针对性地进行能力的培养是摆在我们面前的重要课题。

三、教学理念

拓展训练主要是通过自身的体验来感悟一些道理,再通过改善方法来超越自我,达到最高境界。这和体育与健康课程标准中要注重学生心理和社会适应能力的培养目标一致。与普通的体育和健康课相比,本课设计的拓展训练内容侧重于学生团队协作和学习能力的培养,学生活动的比例很高,身体练习内容在本堂课中所占比重不大。

四、教学内容

中学生拓展训练:"蜈蚣鞋""人椅"。

五、本课教学目标

1. 学生初步了解拓展运动的起源和发展;
2. 学生能体验成功,挑战自我,超越自我;
3. 学生与人沟通的能力得到提高;
4. 学生的团队协作精神、创新思维的能力得到激发。

六、教学对象

初中学生。

七、教学和组织方法

课中除了常规的讲解、启发诱导等教学手段外,注重问题设计和组织策略的研究。通过体验使学生在团体协作方面、能力培养方面得到锻炼。课中学生自始至终都在努力思考,相互协作,积极主动发言,充分展示个性。

八、教学程序

准备及提问(1分钟左右)→教师讲解拓展故事(2分钟左右)→分组(学生讨论确定队名、队长、队训、队歌)(3分钟左右)→体验"蜈蚣鞋"(15分钟左右)→讨论、感悟(3分钟左右)→体验"人椅"游戏(15分钟左右)→讨论、感悟(3分钟左右)→学生分组讨论,提出观点(1分钟左右)→讨论、感悟(1分钟左右)→小结队歌(1分钟左右)

九、课前准备

"蜈蚣鞋"4双,标志线;室外或馆内都可以。

十、教学过程

(一)导入 　1. 提出问题,了解学生对拓展训练的知晓程度 　2. 导出主题:"拓展训练(Outward Bound)"	问题设计
(二)主要内容: 　1. 介绍"拓展训练"的起源和发展	教学策略
教法: 　(1)教师:设问"有谁知道拓展训练到底训练什么?" 　学生:思考、回答。	问题设计
(2)教师以讲故事的形式讲解拓展训练的起源与发展,导出把拓展训练引用到中学体育课中的目的和意义。	教学策略
2. 成立各团队,明确队名、队长、队训、队歌等 　组织:自然分成四组。 　教法:教师提出要求,诱导;学生分组讨论。 　要求:在2~3分钟内明确以上内容,并由队长向大家介绍。	组织策略 教学策略
3. 分组体验"蜈蚣鞋"活动 　组织:教师准备"蜈蚣鞋"4双,提出要求,诱导,分组;学生小组讨论决定比赛方案(包括人员搭配、如何协调等)。	组织策略
教法: 　(1)教师提出要求,诱导,发出口令,巡回指导; 　(2)学生按讨论结果听口令开始比赛。 　要求:准备尽量在1分钟内就绪。	教学策略
4. 交流与分析 　(1)请最快完成的组交流分析成功的原因; 　(2)请最后到达的组交流分析落后的原因; 　(3)教师分析成功的秘诀在于团队协作。	教学策略 组织策略
5. 分组体验"人椅"游戏 　组织:教师讲明"人椅"要求:人人是椅,人人坐椅,形式不限,并提出要求,诱导,分组;学生小组讨论决定比赛方案(包括人员搭配、如何协调等)。	组织策略
教法: 　(1)教师提出要求,诱导,发出口令,巡回指导; 　(2)学生按讨论结果听口令开始比赛,并坚持最好最久。 　要求:学生分组讨论与模拟在2分钟内完成。	教学策略
6. 交流与分析 　(1)请坚持到最后的组交流分析成功的原因; 　(2)请最先淘汰的组交流分析失败的原因; 　(3)教师总结成功的秘诀在于团结、有计划等。	教学策略 组织策略
(三)结束 　1. 各小组由队长总结,并领大家唱队歌(一句也可) 　2. 归还器材	组织策略

二、概念图

"概念"是指被归为同一类事物共同属性的抽象,通常以一个概括性的名词或符号来指称。总体来说,概念对人类的生存与发展具有极大的意义与重要的功能。由于概念是事物属性的抽象,所以面对环境中纷至沓来的复杂信息,概念的形成与调整可以帮助人类进行认知学习,调整自身生活和学习的方式,从而促进人对环境的适应。

概念图是用来组织和表征知识的工具。它通常将某一主题的有关概念置于圆圈或方框之中,然后用连线将相关的概念和命题连接,连线上标明两个概念之间的意义关系。概念图可以促进认知结构中组织者概念的形成,进而由组织者将概念组织成完整的认知结构。合理利用概念图能加深对概念的理解,增强长时记忆能力;能引起师生认知冲突,在认知冲突的解决过程中,使师生的认知结构得到重建,使新形成的认知结构更为科学合理。

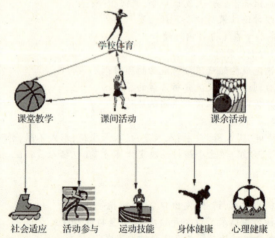

从问题设计和组织策略研究的教案中可以看出,问题设计和组织策略是反映信息化教育在体育教育教学中的一部分。在我们的教育教学中,如果不让学生提出并探究一些具有普遍意义的问题,那么他们只能接触一些相互脱节的活动,导致对重要概念的肤浅认识。如果我们不围绕此类问题进行组织教学,那么教学活动便成为表面盲目的行为。

> 一个有教育信仰的教师是不会因环境的变化而退缩的。只要心中有本,心中有学生,无论走到哪,操场的阳光都是灿烂的……

从运动量看苏南苏北体育课堂教学的差异

"千校万师支援农村教育工程"是江苏省为快速提升农村教师队伍整体素质,促进农村教育事业发展,促进教育公平,推动城乡协调发展,缩小城乡、区域教育差距,加快推进教育现代化建设的重要举措。该项工程得到了苏州市教育局和学校领导的高度重视,学校与宿迁市沭阳县悦来中学形成了对口支援。学校除了指派两位骨干教师定期支教和给予物质上的支援外,还不定期地带课到对方学校进行展示与研讨,受到了当地教育部门和学校的欢迎。

2007年12月中旬,学校①再次精心策划和组织,安排三门学科的老师到悦来中学教学,我的体育课就是其中的一节。一节课虽然只有45分钟,却让我有了太多的感受与思考。

忐 忑

去悦来中学前,我向正在支教的老师打听过悦来中学的体育设施状况和学生们上课的情况,初步知道他们有一片250平方米的煤渣田径场,有两片篮球场,有些篮球、软式排球和足球等,学生们男女合班上课,一个班有70~80人,至于详细的情况他们也说不清楚。考虑到要顺利完成教学任务,确保学生课堂中既能掌握技术又不影响学生的运动量,我选择了平时常用且不受场地和器材限制的跳的练习——立定跳远和素质游戏"兔子舞"的教学内容。

---

① 学校为江苏省苏州第十中学。

操场悟语

虽然我有十多年的教龄,经历过省、市各种大型教学比赛,且为这次活动精心备好了课,但到一个条件相对比较差、班级人数比较多,又完全陌生的学校上课,内心还是比较忐忑的。我不知道当地学生的体质如何,也不知道他们的体育习惯如何,更不知道这些学生能不能接受我的教学方法……但不管如何,内心渐长的经验和自信让我心中充满了期待。

镇　定

上课铃一响,悦来中学初二(5)班全体学生整齐的八路纵队集合队形让习惯于四列横队集合的我微微感到不适,但我迅速调整了思绪,头脑中快速让整节课原有的组织在不影响教程的基础上去适应他们的习惯。我特意安排了停止间三面转法以及原地踏步的队列练习,这主要是因为初中阶段是身体形态和生理机能发育的高峰时期,该阶段养成正确的身体姿态对学生今后的体型和生理机能有着重要的影响,如可

以通过训练使习惯低头含胸、"斜肩"、"外八字"脚型等的学生得到纠正。此外,队列练习还能提高学生的集体观念以及良好的组织纪律性。从同学们的表情与肢体语言可以看出,他们对此表现出了极大的好奇,并非常认真地完成了队列练习的教学目标。

同学们良好的表现让我心中踏实了起来,也激发了我一贯的教学热情。

惊　讶

由于天气比较寒冷,在准备部分中我安排了跑的练习,并要求学生在老师的启发诱导和示范下,以小组为单位进行图形跑。教师只提出两个要求:一是队伍在跑进过程中能呈现如正方形、圆形、三角形、"∞"字形等图形,以提高学生反应能力和目测距离的能力;二是在跑进过程中注意安全,不相互碰撞。考虑到学生平时的习惯差异,避免不必要的理解误

差,我先带着全体学生进行了一个大开口螺旋形示范跑,然后各小组接着各自的图形跑。从学生的积极配合和兴奋的表情来看,学生们感受到了运动带来的律动与快乐。

在基本部分中,我主要安排了立定跳远和"兔子舞"两个内容的教学。在立定跳远内容教学时,我注重提高学生技术动作的质量,并把起跳后的收腹提膝技术作为本课的重点。同学们都很配合,守纪又认真,通过摸底式的原生态立定跳远练习到教师有针对性的技术指导后的集体练习再到自由结伴的互帮互练,同学们不断体验立定跳远正确的收腹提膝技术动作,绝大部分学生为自己通过改进技术提高了远度而感到兴奋。最让我意外的是,他们在学习"兔子舞"时,男生和女生所表现出来的热情与激情让我感受到了他们的朴素与好学,尤其是女生,在完成老师布置的任务外,抓紧时间自娱自乐,好像忘了上课和看课老师的存在,这让我感到很高兴,为他们能掌握并享用这些简单易行的锻炼方法而感到欣慰。

本节课练习密度在50%左右,对一节新授课来讲,这样的练习密度是比较高的,45分钟课的运动负荷相比我们平时的课而言算是中上水平。课后研讨时,我向他们的体育老师询问这堂课学生是否会觉得比较累,尤其是持续跳的"兔子舞"需要学生有一定的下肢力量和耐力。可他们的回答却让我足足愣了好几秒,他们说本节课的运动量对这些学生来讲一点都不算多,他们平时的运动量很大,这点运动量只能算是他们的中下水平。带着一丝疑问,我问他们平时上课的内容主要有些什么。他们讲,由于班级人数多,器材少而破旧,平时基本以长跑为主,所以学生跑的能力很强。听了他们的回答,我若有所悟,渐渐也明白了他们对运动量大小的认识。

思　索

随着新一轮体育课程改革的全面推进,中学体育将进一步确立"健康第一"的指导思想,课堂教学注重学生技术技能的掌握,有重点和难点,有一定的运动量。换句话说,教学什么项目就要有该项目的特点,学什么像什么。同时,要注重调动学生的学习积极性,让学生在初中阶段掌握几项运动项目,为学生终身的发展打下基础。多年来,我都是以这样的理念指导自己的体育教学实践的,尤其在课堂教学中,我十分注重提高学生的运动量,所教班级学生的运动能力比同类班级的学生要强一些。并且,在多次开设的研讨课或教学示范课中,我也一直以较高的运动负荷引起大家的关注。因此,当无意中得知我自认为运动量较高的一堂课与当地学校的差异比较后,引发了许多思考。

思考一:体育基础设施的差异带来的课堂教学内容的差异。

据沭阳的教研员讲,像悦来中学这样的体育设施在当地还算是比较好的。

虽然省财政专门拨款为苏北农村配制体育器材,但还是远远不能与苏南相比。由于体育运动设施缺乏,给学生所提供的运动场所和运动项目就少,往往就局限于田径项目中的中长跑内容。而重复的、单一的跑的技术教学相对就比较少,教师讲解示范所需的时间也少,相对而言课堂中的学生活动时间就多。如果安排合理,一堂课的运动量相应就比较高。苏南地区经济比较发达,绝大部分学校的体育场地器材都比较齐全,塑胶跑道、篮球场、排球场、体操区以及各种球类品种繁多,班级人数少,能满足教育教学的需要,所以教学内容以田径、球类、体操、武术以及地方或学校特色项目为主,课堂中技术技能教学比重比较大,相对注重学生的兴趣培养,所以学生练习密度相对就小些。

思考二:体育师资队伍的差异带来的课堂教学形式的差异。

据当地教师反映,苏北地区最缺少的是音乐、体育、美术老师,许多学校缺少专职的体育老师,就让文化课老师兼课。一方面,兼课的老师缺少体育专业的素养,不可能在课堂中进行相关的体育技术技能教学,让学生随意活动或跑几圈完成任务是难免的。另一方面,由于专职的体育教师人数少,相应工作量就大,他们没有足够的精力和条件进行深入的研究和创新,没有更多的课程内容资源被开发,课堂中就难以进行多种项目、多种形式的教学。此外,对一些农村体育教师来讲,参加职后培训的机会较少,他们忙于应付学校工作,限制了自己的发展。苏南地区体育教师资源比较丰富,加上苏南经济的发展吸引了众多的苏北教师和大学毕业生,以至于一些经过高等教育的体育专业人员还滞留在苏南。因此,激烈的竞争和良好的体育氛围迫使我们的体育老师会不断展示自己的才能,不断进行课程资源的开发与研制。这样,课堂教学形式必然就丰富多彩。

思考三:课堂学生数量的差异带来的课堂教学手段的差异

据悉,苏北绝大部分学校的班级人数在七八十人,这么多的学生对体育这门特殊的学科来讲是不利的。与只需一个教室就能组织学生教学的文化课相比,体育教学需要有适合运动的场地和体育器材,人与人之间需要有足够的空间才能完成教学任务,尤其是球类项目和体操项目,更需要有器材的保证才能确保学生掌握技术技能。这对苏北一些学校来讲,在有限的条件下主要选择以跑为教学内容是合情合理的。苏南地区绝大部分班级人数要比苏北少一半左右,加上器材丰足,安排各种各样的体育项目、采用多样的教学手段则是必然。

感 悟

提高学生体质、促进学生健康的体育锻炼方法没有固定的模式,篮球运动、排球运动、集体舞等是锻炼身体的手段,长跑同样是锻炼身体的一种手段。新课程强调以目标的达成来选择教学内容与教学手段,因此,各地应根据地方特点和学校现有条件进行教学,发挥体育的真正功能,为每一个学生的健康发展上好每一堂课。苏北地区体育基础设施相比较苏南地区要落后一些、简陋一些,从提高学生心血管系统和呼吸系统机能来看,选择简单易行的跑步是符合当地实际的,也是切实可行的。但是,在我认为比较平常的一堂课能让悦来的学生表现出如此高涨的热情,给我带来的思考同样很多。或许正是因为平时单一的课堂教学抑制了学生对体育的热情,从而在接触到新的内容、新的教法、新的组织时,他们原始的对体育的渴望被激活了,所以才会表现出如此的阳光。此外,对于处在身心发育关键期的初中生,应该通过多种途径来提高他们的综合身体素质,使其各方面得到锻炼与提高。苏南地区体育基础设施相对比较完备,内容资源比较丰富,通过各种体育运动的锻炼,学生的速度、灵敏度、力量等素质得到了有效提高,并且学生能掌握篮球、排球、体操等技术技能,更有利于学生全面发展。但是,我们也要充分意识到,当代中学生的体质与以往相比出现了明显的滑坡,尤其是力量素质、耐力素质等,而提高学生身体素质的唯一途径就是给学生以充足的活动时间,加大学生运动的量,这是我们苏南课堂教学中要加强的。

比较苏南和苏北部分地区的体育课堂教学,让我产生一种现实意义上的理想意愿:如果苏北的中小学校再加快体育基础设施的建设,师资配备再齐全些,教学内容资源再丰富些,学生活动的时间再多一些,那么学生各方面的身心素质在现有基础上将会有更大的提高;苏南的中小学体育教师则要在现有的基础上加强学生的训练,提高学生课堂练习的运动量,尤其要加强学生耐久跑的能力,从而有效地提高学生呼吸系统以及心血管系统机能,让我们的学生在秀气中充满坚韧,在灵动中充满力量。

附:

"跳的练习——立定跳远和'兔子舞'"的教学设计①

——2007年12月18日在宿迁市沭阳县悦来中学的一堂体育课

◇ 教材分析

立定跳远技术作为《体育与健康》新课程标准水平四(初中阶段)的教学内容之一,主要是使学生建立正确的立定跳远技术概念,掌握立定跳远的基本知识和基本技术,并通过练习,进一步提高学生的下肢力量,提高学生的灵敏度和协调性等素质。

正确的立定起跳技术能减少学生因力量或身高不足所带来的不利,有利于学生发挥自身最大的潜能;收腹提膝技术是在快速起跳所创造的尽可能大的腾起初速度和适宜的腾起角的基础上,大腿积极主动向胸部收缩,以获取落地的"第二远度"。这些是本课的教学重点。

作为下肢力量练习的补充,本课安排了简单易行的"兔子舞"练习,既是教会学生一种小组锻炼的方法,还能培养学生的团队精神,更提高了学生体育学习的兴趣。

◇ 教学目标

一、学生知道立定跳远对身体的健身作用;了解正确的立定起跳技术动作有利于提高远度,明白收腹提膝是获取"第二远度"的道理。

---

① 该文刊于《新教育研究》2008年5、6期。

二、95%以上学生能掌握正确的立定跳远技术,85%以上学生能做出空中收腹提膝的技术动作;95%以上的学生能掌握"兔子舞"的动作方法,并能按要求完成练习任务。

三、学生积极主动,乐意接受教师指导,并在不断提高的过程中体验成功的乐趣。

◇ 教学重点、难点

一、教学重点

立定跳远正确的技术动作。

二、教学难点

立定跳远收腹抬膝的能力。

◇ 教学对象与学情分析

本教学对象是农村中学的初二年级学生,男女合班上课,班级人数为80人,年龄在13~14岁。通过课前对学校体育教师和在校学生的询问,了解到该校学生在长跑方面有较强的能力,而平时在短跑、跳跃以及球类等方面的教学内容安排很少,因此,学生跳的技术水平及协调性方面的基础较差,教学中需要反复练习,促进动作定型。

◇ 教学手段

教法:讲解、示范、语言激发、正误对比、递加循环教学等。

学法:思考、模仿、集体练习、小组练习、互相帮助和激励等。

◇ 教学程序

课堂常规→准备活动(一般准备活动和立定跳远专门性准备活动)→基本部分一(学习立定跳远技术:学生集体练习→学生分组练习)→基本部分二(拓展性素质练习:"兔子舞")→结束部分(交流与分析)。

◇ 课前准备

了解学生常规上课情况及学生身体素质状况,精心备课。

◇ 教学过程

程序	教学内容	组织、教法与要求		预计运动负荷		
		教师教法与学生学法	组织形式	次数	时间	强度
一、课堂常规 2′±	1.体育委员整队,检查人数、服装 2.师生问好 3.宣布本课教学内容 4.集中注意力练习 5.队列练习 原地转法 原地踏步	教师:语言要求 学生:认真听讲 教师:口令指挥、示范动作 学生:按要求练习 教师:提示、示范、口令指挥 学生:思考、模仿,听口令按要求练习	四列横队密集队形,如下图: ××××××× ××××××× ××××××× △××××××× ☆	6~8 6~8	30″ 45″	小 小
二、准备部分 8′±	1.一般性准备活动: (1)花样慢跑 如:螺旋形、三角形、圆形、∞字形、\\形等 (2)徒手操 2.专门性准备活动: 原地收腹抬膝纵跳	教师:提出要求,引导学生思考和想象;带领学生进行示范性花样跑;激励与提示 学生:先在教师的带领下集体进行一个螺旋形慢跑,再在小组长带领下完成两次花样跑;学生能相互鼓励与提示 教师:讲解示范,强调要求 学生:按要求进行练习和纠错 教师:讲解、示范,强调动作要点,体会、练习动作	(1)组织图形如下: 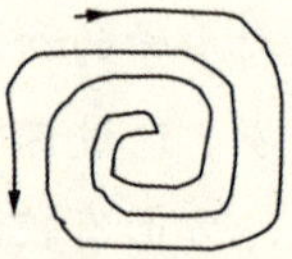 (2)四列横队练习队形 ××××××× ××××××× ××××××× △××××××× ☆	3′ 4×8拍 6~8	3′ 2′ 30″	中下 小 中
三、基本部分 32′±	要点:膝盖向胸靠,非脚后跟向臀部收 1.立定跳远练习 动作要领:两脚左右开立,与肩同宽,两臂前摆时四肢充分伸展,两臂后摆时屈膝降低重心,前脚掌紧紧"扒"住地面,起跳时两脚快速用力蹬地,两臂由后往前上方摆动,前脚掌瞬间蹬地	教师: 1.布置学生立定跳远练习,观察学生立定跳远技术基础状况 2.讲解并示范正确的立定跳远技术,尤其是空中收腹提膝对提高"第二远度"的作用 3.口令指挥 4.正误对比 5.巡回指导 学生: 1.学生立定跳远练习,展示原有水平 2.认真看、仔细听教师正确的示范与讲解	(1)四列横队练习队形(如上图) (2)讲解队形如下: ××××××× ××××××× ☆ ××××××× △×××××××	10~15	1′	中

续表

程序	教学内容	组织、教法与要求		预计运动负荷		
		教师教法与学生学法	组织形式	次数	时间	强度
	主动收腹抬膝,落地缓冲 重点:立定跳远正确的技术动作 难点:立定跳远收腹抬膝的能力 2.素质练习 内容:"兔子舞" 动作要领:左踢腿跳二次,右踢腿跳二次,并腿向前跳一次,并腿向后跳一次,并腿向前跳三次 重点:基本动作路线和节奏 难点:多人合作的动作质量	3. 根据教师要求集体练习 4. 教师正误对比时,认真思考并对照自己的动作进行改进 5. 自由结伴进行分组练习,提高动作质量 学生:按要求体会动作; 两人一组,互帮互练 教师: 1. 讲解、示范动作 2. 指导学生集体分解动作练习 3. 指导各小组成员组合练习 4. 指导学生两两组合练习 5. 指导男生和女生各自组合练习 6. 激励与提示 学生: 1. 观察与思考 2. 体会、模仿练习与讨论 3. 以一个小组为单位比赛 4. 以两个小组组合为单位进行比赛 5. 男生组合与女生组合进行比赛 6. 相互协作与创新	(3)学生自由结伴,练习队形不限 (1)四列横队练习队形(如上图) (2)纵队练习队形 ××××××× ×××××××→ ××××××× ×××××××→ △××××× ☆ (3)圆形 男　　女	10~15 15~20 6 6 6 20	1′ 5′ 1′ 1′ 1′ 5′	中 中 中 中 中 中上
四、结束部分 3′±	1. 放松整理 2. 小结	教师:语言提示,客观评价本课内容 学生:按要求放松,与教师共同小结本课内容	四列横队练习队形到密集队形		1′	小

◇ 预计效果

一、通过本课教学,有95%以上的学生能掌握立定跳远的正确技术,并能做出收腹抬膝的动作;95%以上的同学能与同伴配合完成"兔子舞"的练习。

二、本课预计平均心率为125次/分,练习密度为50%,强度指数为1.5,学生有较强的愉悦感。

操场悟语

> 2005年高中新课程改革实施,作为一名体育老师是如何参与和实践的呢?以下记录了课改过程中我的所思所想……

高中体育新课程标准的实践剖析

高中体育与健康课程标准于2005年9月正式实施,学生们从最初的好奇到真正的接触进行了一番等待,体育教师们从最初理念的转变到实际行动的操作经历了一番徘徊,学校从最初的策划到最终的落实经历了一番投入。一个多学期下来,大家都在努力地去实践去适应,其中的滋味可谓又是喜来又是忧。

一、新课程标准实施带来的动力

(一)学生的学习兴趣和积极性明显提高

新课程标准充分体现"以人为本"的教学理念,提高了学生的兴趣。与过去相比,学生上课的积极性提高了,尤其是技术教学时学生能主动听、主动练。此外,由于注重了学生运动爱好和技能专长的选择,学生的运动意识和能力也相应得到了提高,为学生的终身体育奠定了一定的基础。

(二)教师的教学积极性、创新意识得到了调动

高中新课程标准的实施给了体育教师更大的空间,一些有专业特长的教师的特长得到充分发挥,教师的创新意识得到了有效调动。过去,由于体育没有文化考试的压力,一些教师只需依据教学参考书和课本,用固定的教案、固定的教学模式、一成不变的教学方法进行授课,除了在评优课、比赛课上挖空心思搞创新,平时的随堂课很少创新,因此难得"充电"。新课程标准的实施,给体育教师提出了更高的要求,需要教师不断地学习、不断地提高才能适应教学的需要,尤其要面对自己的专业不能适应学生需求的挑战。例如,有的教师过去的专业是田径,篮球水平一般,

现在根据学校的实际要教学篮球课,这无疑给了体育教师压力,同样也让体育教师产生了教学创新的动力。现在教师主动学习的意识强了,钻研技术提高技能的多了,集体备课的氛围比过去更浓了。

(三)学校对体育工作的投入和参与大大增加

高中新课程标准的实施同样给了学校更多的空间,五个领域的教学在学生的情感和健康方面等要求具体化,有利于学校素质教学目标的实施。此外,一些学校投入了许多硬件设施,规范了学校的硬件管理,对体育的关注大大提高,这同样推动了体育教育教学的发展。

二、新课程标准实施过程中的现实矛盾

(一)学生的运动时间、运动量得不到有效保证

根据课程标准,各学校每周的排课方式是不同的,有的每周排一次课(90分钟一节课),有的每周排两次课(45分钟一节课)。对学生来讲,每周一次课虽然当时能尽情活动,但一周只有一次,碰到下雨就没有了活动机会;若是每周两次课,学生往往热完身刚进入状态就下课,加上城市中学场地少,热门项目学生选的人数多,运动量远远不能满足学生的需要。

(二)对教师的素质提出了更高的要求,也约束了教学进程

新课程标准实施过程中,众多的主客观因素让体育教师压力重重,主要体现在以下几个方面:

1. 学生个体差异比较大,尤其高一学生来自不同的初级中学,有些学校的初中生在初中阶段由于有体育中考的压力,基本以素质练习为主,有些项目如篮球、排球、体操等几乎教学课从不涉及。故在教学中,学生技术技能水平悬殊,教师的组织教学需要区别对待,阻碍了教学进程。

2. 过高地估计了普通体育教师现有的能力。许多体育教师单一的专业或专业不强都将影响教学质量,就拿我校师资配备情况来看:由于我校是培养体育后备人才试点学校,过去在师资的配备中主要以引进田径和篮球专业的教师为主,现在依据新课程标准,要设立多个模块,这些教师的专业难以满足羽毛球、乒乓球等学生感兴趣的选项需要,而现实又必须要去教学。因此,对一些教师来讲,短期内压力很大。

3. 高校的改革滞后于中学,教授们的授课大多以理论传授为主,大

学生们没有感性的训练体会,实习期间各中学课改的步伐各不相同,以至于刚毕业的年轻教师上课仍然沿袭着自己做学生时的方法,对新课改的认识理解不透,要么过于追求"花哨",要么犹如"放羊"。

4. 社会、家庭对学生在校内受伤的责任追究压力较大,这让许多教师在体育课上只求太平无事,而不求教学质量。有些学校的口号不是"健康第一",而是"安全第一,健康第二"。虽然安全与健康之间矛盾不大,但是只求安全的体育教学必然会导致在学生的吃苦耐劳、坚决果断、顽强的意志力以及承受挫折等方面能力的培养上大打折扣,这与我们体育教学的初衷相悖。

5. 教学参考书和教科书打破按课时的编排,使工作5年左右的年轻教师有点无从下手。老教师们有课改前的一些经验,通过培训,新老结合,能应用自如,而新教师们老的不知如何,新的又是略知一二,涉及课时计划时就显得没有头绪,从而影响教学质量。

6. 可以参照的科学的评价体系不够明确,尤其是教学内容中对不同地区、不同年龄、不同水平的学生缺少一个评价量。我们知道,新课程中允许学生在一个项目上学完18个学时后另选其他项目,也允许学生学完一个项目后再选同样的项目,这给教师在教学和评价方面增加了难度。

(三)学校硬件建设滞后阻碍了课改的推进

1. 一些学校本身体育场地少而小,没有发展的空间;有些地区和学校本身的经济实力决定学校不可能因为体育课程的改革而扩建体育场所,课改的硬件得不到保证。

2. 体育选项和其他学科选项的要求对学校的排课增加了难度,特别是平行班级较多的学校更难。

3. 原有的行政班力量被削弱,班与班之间的竞争逐渐建立在不同的基础上,给校运动会、年级竞赛、团体操等大型活动的开展带来一定的影响。

三、新课标实施的几点思考

(一)地方教育管理部门要不断更新管理理念、管理方法

1. 新课程给了各地方空间,地方管理部门应根据本地区的特点进行研讨,挖掘地方体育文化和资源,也可以有组织地设立各种"样板"学校,

形成地方特色。同时,编写有地方特色、指导性强、可操作性强的指导用书。课程改革中,我们不仅要获取自己的实践经验,也要吸收合理、科学的间接经验,从而缩短教师的摸索过程,进一步推进课程的改革。

2. 在现行的教学参考书和教材上提供一个科学的可以参照的各地区、各年龄段的身体形态、生理机能、身体素质等方面的评价指标或参照指数。这一方面在纵、横向比较中能看出各校之间、各地区之间的差异,另一方面也能给教师评价学生、学生自我评价提供一个参考依据。

3. 定期组织培训,实行多级培训制度,尤其是实践课。在培训中尽量提供给教师能实际操作的技术技能,这样更有利于提高教师的专业水平,给学生上课才有足够的"底气"。体育本身与其他课程最大的不同就是示范性强。试想,一个自己都打不好羽毛球的教师如何去教学生18个学时的羽毛球课?

(二) 学校要在硬件设施建设、师资培养等方面加大投入力度

体育与健康课程是学校课程体系的重要组成部分,是实施素质教育和培养德智体美全面发展人才不可缺少的重要途径。而完成这一途径最基本的条件是场地器材的保障和师资质量的保证。我们从许多重视体育的重点中学教学质量上可以看出,学生体质的增强与教学质量的提高成正比关系。因此,加大体育硬件设施尤其是增添新兴体育运动设施和师资培养等方面的投入,能推动学校教育教学的发展。

(三) 教师要主动迎合改革,全面提升自身素质

新课程需要我们不仅在教学理念、教学方法和手段上下功夫,还要不断提高自身的技术技能。客观上讲,组织形式没有固定的模式,因此不必片面追求组织形式的花样,而忽略体育在提高学生健康体魄、提高学生运动能力等方面的功能。体育教师要抱着教学相长的态度,进一步提高自己的业务水平,以积极主动的姿态迎接新课程的改革。

(四) 高等院校要了解中学课程改革进程,为中学培养高质量人才

师范院校的改革应该走在中学改革的前沿,以培养高素质的师资队伍为目标,深入到中学课堂,并结合中学生的身心特点,研究中学体育教材教法。建议体育院校可以增加中学教材教法等课程,为各中学输送能胜任中学体育教学的优秀人才。

> 国家课程校本化是基于地方的需求,基于学生的需求。为了处理好国家课程和学生需求的关系,我带领教研组进行了改革与实践……

初中体育教学内容重组、优化的实效性研究[①]

体育教学内容是指为了达到体育教学目标而选用的体育知识和技能体系。《课程标准》明确规定了课程目标、领域目标、内容标准,但对具体教学内容、课时比重、教学内容的顺序、具体的成绩评定项目和标准等都未作限制。它以目标的达成来统领教学内容和教学方法的选择。各校和老师在制订具体的课程实施方案时,可以依据课程的学习目标,从本地、本校的实际情况出发,选用适当的教学内容和教学方法,采取多种不同的形式和手段去达成课程学习目标。

依据《课程标准》,体育与健康的课时,7~9 年级为每周 3 学时。然而,本地区配发的教学参考书不管是 1993 年由江苏少年儿童出版社出版的《江苏省初中体育教学参考书》,还是 2001 年由江苏省中小学教学研究室编著出版的《九年义务教育初中体育与健康教学参考书》,都是以每周 2 课时设置教学内容和分配时数的,2002 年由华东师范大学出版社出版的《体育与健康水平四(七至九年级)》教师用书则没有涉及具体内容及要求。所有这些都不便于体育老师科学合理地把握教材,分配教材内容,尤其对青年体育教师来讲,在没有规范、没有基础的情况下就要求其自主创新,效果很不理想,从而出现了教学内容、教学手段陈旧和过于追求虚夸的两极分化现象,以至于有些工作五六年的青年教师拿不出一份优秀的教案,甚至出现执教五六年的教师却对一些常规教材从没尝试过的令人担忧的局面。

---

① 该文刊于《中国学校体育》2011 第 2 期。

鉴于这样的现状,在全面贯彻《中共中央国务院关于加强青少年体育增强青少年体质的意见》(中发〔2007〕7号)的精神下,我与所带领的青年团队结合新课程标准、结合中考评价特点和学校实际,以及本地学生的身心特点和运动的价值取向,立足课堂,全面提高体育课堂教学质量。经过三年的实践,对教学内容的选择、课时比重和教学顺序进行了重组和优化,从而让这些内容的教学内化成学生的基本技术和基本技能,内化成学生终身体育的能力,取得了实效性的成绩。

一、教学内容重组的认定与价值取向

我们知道,体育课程是一门以身体活动为主要手段,以增进中小学生健康为主要目的的课程。一切符合学生身心发展、对学生健康有利、对学生终身发展有利的教学内容都可以纳入选择的范围之内,这样可使体育课程的教学内容更加丰富多彩。鉴于教学内容的有效性,我们把教学内容的重组分为学段内容重组和内容资源重组两种类型。考虑到内容资源重组目前研究广泛,此处重点阐述的是在学段内容重组方面所做的研究和所取得的成效。

学段内容重组包括学段内容排列的重组和教学内容课时比重的重组。

1. 学段内容排列的重组是依据课程标准以及体育教学原则,针对初三中考近期目标而对初中三个年级的精学和粗学、介绍性和锻炼性教学内容进行重新调整,具体为:除田径和身体素质外,技巧、单杠、双杠、民族传统体育以及部分球类、体操等内容安排在初一、初二学年教学完成。初三第一学期主要围绕学生身体素质的提高和中考项目的技术进行教学,初三第二学期重点围绕中考项目进行强化训练。此外,根据学校传统项目的特点,加重了传统项目教学内容的比例,从而使教学内容更优化、更实效。

2. 教学内容课时比重的重组是依据七年级以上可多采用单一教学单元进行教学的原则,便于集中时间使学生较全面地掌握运动技能,促进身体的发展和学习兴趣的提高。主要对精学和粗学内容、介绍性和锻炼性内容的比重合理分配。

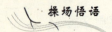

二、教学内容重组的目标与积极手段

初中体育教学内容重组的终极目标是优化中学体育教学内容结构,保质保量完成课程标准,让学生能掌握水平四应掌握的体育技术技能,提高身体素质,促进健康成长;同时也为了达成学生近期目标,在体育中考中取得优异成绩。为此,学校主要从两个方面进行了研究与实践:

1. 确定初中阶段精学和粗学内容、介绍性和锻炼性内容

首先,依据课程标准、地方特色和校本特色,结合学校规模、师资情况、学生基础、场地、地域气候、传统项目、中考体育项目、《国家学生体质健康标准》测试时段等因素,研究确定初中三年的体育学习内容,分成了精学类教材内容、粗学类教材内容、介绍性教材内容和锻炼类教材内容四个层次的内容。

精学类教材内容是学生在初中三年要"多吃多餐"的内容。这些教学内容是重中之重,以"让学生掌握好1~2项体育项目"为目的,也是针对体育教学"蜻蜓点水"、学生学而不会的现状而设计的,为的是满足学生掌握运动技能、体味运动文化的需求,让学生体验运动的乐趣和技能不断进步的成功感。包括田径类短跑、中长跑、跳远、跳高、接力跑,球类的篮球、排球、乒乓球、羽毛球,体操类的有氧健身操、垫上运动、单杠、双杠,以及民族传统体育项目等。

粗学类教材内容指"一次吃好"的内容。在体育教学中,我们不可能期待学生能把所有的体育项目都学好,但我们可以让学生初步学好一些项目,打好基础,同时满足学生对掌握多种运动技能和体验运动多样性的需求,在多种运动中体会集体合作和公平竞争以及积极进取、克服困难等感受。有定向越野、防身术、太极拳、游戏、远足等。

介绍性教材内容指"一次品尝"的内容。目的是通过体育文化的学习,使学生从理性的层面深刻地认识运动的实质,进而贴近体育。有拓展运动、保龄球、橄榄球、网球、拳击、NBA篮球、高尔夫球,以及田径类的投掷项目、蹲踞式起跑、跨栏跑,还有体育卫生与保健知识等。

锻炼性教材内容指"少吃多餐"的内容,是一些"不需要深教,但需要常练"的运动项目。通过日积月累的锻炼,在运动实践中发展学生的运动素质和体能。有各项身体素质练习、中考类项目、冬季跳绳和踢毽等。此外,队列练习能塑造学生体态,提高学生的组织纪律性,也可以作为锻炼性项目。

此外,利用暑假,学校组织引导学生在父母的陪同或在专门机构的培训下完成游泳的学习。

2. 确定各内容比重和排列方式,并进行学段分配

按国家相关文件规定,学生每学期在校时间约有 20 周,扣除节假日、期中期末考试时间,至少有 18 周的教学时间,每周 3 节体育课,学生三年总计约有 320 个体育课时。根据教学内容特点、难易度及学生喜爱程度等,我们初定精学教材内容所占比例为 45%

左右,粗学类教材内容所占比例为 10% 左右,锻炼类教材内容所占比例 40% 左右,介绍类教材内容所占比例为 5%,即以每个学期按 54 个课时计算为例,则有 24~26 学时安排精学类教材内容,安排 1~2 项内容,多学多练;有 5~6 学时安排粗学类教材内容,安排 1~2 项内容,一次学会;有 20~22 学时(分散累计)安排锻炼类教材内容,全面进行素质等项目的练习;有 2~3 学时安排介绍类教材内容(利用雨天等),介绍或体验 3~4 项运动技术或文化等。

考虑到每学年的第一学期要进行《国家学生体质健康标准》测试,初三的第二学期是中考学期,所以每学期四类教材内容分配的比例是不均衡的。此外,在排列方式上,精学教材内容和锻炼类教材内容主要以螺旋式排列方式为主,前者比后者有深度和精度,如篮球、素质等初一、初二、初三都要安排,但内容不同,难度逐步提升。而粗学类教材内容和介绍类教材内容则以直线型排列为主,前者同样比后者要有深度和广度,如拓展运动、铅球教学等。

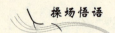

三、教学内容重组的实效性成果和积极意义

教学内容的重组,既有效地发挥体育本身的功能,实现体育的目标,又能使我们的教学效果更优、更显现。

1. 避免了一些地区一些学校教学内容贫乏或就体育中考而中考的现象。学生在初中毕业时能掌握课程标准及地方所设置的教学内容,能较好地掌握至少2项体育运动技能,充实了学生的中学生涯,丰富了学生的生活,锻炼了学生的能力,为学生的终身体育打下了坚实的基础。

2. 学生中考成绩突出,身体素质各项指标名列地区前茅,全校满分率达99%,满足了学生和家长的近期利益要求,达到以中考促进体育意识的加强,以中考引领学生的锻炼,以中考满足学生的成功感的效果。

3. 提高了体育教师的专业水平,尤其提高了体育教师的教学能力和驾驭教材的能力。通过反复教学,寻找更科学、更有效的手段,为体育老师更好地把握教材的重难点,更好地开展阳光体育运动打下坚实的基础。

> 体育课的学科特征是什么样的？体育课的教学方法与其他学科有什么不同？如何把"以生为本"落到实处？这些都是需要大家思考与研究的问题。以下是我的教学主张……

立足"生本"，上出体育课的味道

近年来，阳光体育运动的推进和2011年版义务教育体育与健康课程标准的正式实施，把中小学体育工作推到了至高点，各级培训、比赛、展示等都得到了教育主管部门和广大体育工作者的重视，可以说这是一个让学校体育得到发展，让青少年体质得到提高的最佳时期。作为一名体育老师，更应该抓住这样的契机，改变观念，把主要的精力放在课堂教学主渠道上，从提高课堂教学的有效性入手，立足"生本"，让每一堂体育课上出体育味，提升课堂的质量。

我在观看一些省级优质课评比或随堂课的过程中，常常会有喜忧参半的心情。喜的是我们的体育老师在经过几年的迷茫后，重新认识了我们的体育课程，把学习体育技术技能、提高身体素质、培养终身体育的理念作为了体育课的核心特质，敢于尝试各种教材的教学，敢于挑战自我；忧的是地区、学校和教师个体差异很大，且一部分教师在教学设计时始终还是把教师本身作为主体，也就是教师在设计时，没有真正理解"以生为本"的理念该如何在体育课中体现，即使有，也是在"标"而不在"本"。我们的体育老师在设计课堂教学时，着力点究竟应该在哪？关注点应该在哪？

一、教师要真正"以学生为本"进行备课和授课

"生本"就是要以尊重生命为本，以学生的发展为本。我们的教学内容安排、教学手段设计、教师专业水平的提高等最终的归属就是为了更好

地服务学生,更好地发展学生。所以,如果在备课(这个备课可以指一生的备课,也可以指一堂课的备课)时,仅仅考虑教师本身能否完成教学内容、能否按时下课、能否把课堂组织得丰富多彩,是远远不够的,必须站在学生的角度,以学生为本进行备课和上课。

(一) 从技能的角度思考和设计

要紧紧围绕"我能从这堂课学到什么知识技能?""什么样的技术技能是最好的?"展开思考和设计。

体育技术是一种客观存在,是人类传承下来的符合科学的规范动作。每个学生只有掌握了技术并随之运用才能被称为具备了体育技能。因此,围绕上面的两个问题,我们要做好充分的准备,这堂课学生能学到什么知识和技能,取决于教师对主教材的把握度,包括重点内容的确定、主教材在整个体育课中所占的比重、重点内容在主教材中所占的比重等。以中学45分钟课为例,主教材是"篮球行间进运球"第二课时,如果该主教材内容教学时间不足10分钟,其他被准备活动、组织调动、游戏等辅助教材等所占用,那么学生是很难较好地掌握该项技能的。与此同时,在主教材的学习时,学生需要学习的重点内容"行进间运球"教学内容时间不足3分钟,其他被讲解示范、原地运球、组织调动等所占用,那么这样的课学生是难以掌握该项运动的重点环节和技术的。更重要的是,如果体育老师没有正确的示范或教学存在科学性错误,那么学生一堂课是不会明白什么样的技术才是最好的。所有这些,都是需要我们备课时思考和研究的。

(二) 从心理的角度思考和设计

要从学生心理的角度围绕"我是否快乐?"进行思考和设计。

一个人在体育活动中真正的快乐应该是一种对超越自我的成就感、对生命绽放的满足感和对美好情绪传递的喜悦感。快乐绝不是仅看活动表面上有多热闹,而是要看学生是否发自内心的投入和喜爱。因此,教师的语言魅力、课堂中对学生的关注度、为学生营造和设计的教学氛围和环节等都很重要。我常常观摩一些年轻老师的随堂课,令我揪心的是,有的教师整堂课充满了训斥和吼声,加上一堂课全是以素质为主的内容,我感受到了学生在练习中的被动与茫然,因为被动、茫然、无趣,学生就想办法讲话,另找乐趣,因为学生讲话，所以老师就不断训斥。因为缺乏乐趣，我想学生是不会喜欢上体育课的。又如观摩一些研讨课和示范课，我们的老师往往把注意力都放在了自己能否完成规定的内容上，于是每个内容都是像走马灯一样向前赶，浅尝辄止，至于学生学得怎么样、学生们能不能接受、学习快不快乐，老师常常疏于考虑。例如，我多次看到教学跨越式跳高技术时，学生基本都是在反复体会助跑起跳中脚的"滚动"技术，即使面前有杆也不让过杆，机械和枯燥让青春期的初中学生很是憋屈。我当时想，要不是有很多老师在看课，学生们估计是不会陪老师玩下去的。

长跑往往是学生最怕的项目，尤其是女生。每当有老师宣布课的内容是800米时，难免会有人发出"啊？"的高调惊恐声或无奈的叹息声。我也常常要进行耐久跑内容的教学，我一般采用两种方式来化解这个难题：第一，平时的练习中距离由短变长，逐步增加距离或强度，让学生在不知不觉中提高了能力，当已具备一定的水平进行测验时，学生已不觉得害怕了。第二，我会告诉学生在长跑过程中有"极点"的出现，然后告诉学生什么是"极点"，可以通过怎样的方法克服"极点"。我还会告诉学生们什么是"第二次呼吸"，告诉学生这个过程其实也是考验我们的意志力的过程。如此这番，学生渐渐被转移了注意力，在跑进过程中就不会一味地怕这个距离。每当长跑结束，我还会帮学生测即刻、5分钟后、10分钟后的心率，来了解学生的心脏功能。每当这个时候，我们可爱的学生们往往考虑的不是怕了，而是为被告知心脏很好而欣慰了。

（三）从生理的角度思考和设计

要围绕"一堂课我的肌肉是否得到了刺激？""我的哪项素质得到了发展？"展开思考和设计。

我们知道，体育课程是以身体练习为主要手段的课程，因此，以上这些问题取决于一堂体育课是否有运动负荷。一般我们用练习密度和强度来表示，这也是体育课区别于其他文化课的显性标志。根据运动训练的适应性原理，人体从对某一运动负荷不适应，到逐步适应，乃至完全适应，并继续向更高的适应水平发展的过程，就是人体各项素质水平不断提升的过程。这就要求我们每一堂体育课必须要有一定的运动量，且不管是什么教材内容也不管是什么课型，学生的练习密度绝不能低于30%，理想的课能达到50%以上。不仅如此,根据适应性原理,若进行俯卧撑训练,则强调递增的方式,一阶段后学生练习同一个项目需要在组数或个数上增加,如本阶段是每组20个,做三组,那么下阶段要么组数不变,增加每组的个数,要么个数不变,增加组数,这样才能有效地提高学生的上肢力量。类似这样的问题,我们体育老师都懂,但要落到实处且让学生明白还是需要做有心人。

(四)从安全的角度思考和设计

从安全的角度围绕"我会不会受伤?"进行备课和设计授课。

这个问题需要我们思考如何培养学生的安全意识。对每一个体育老师来讲,安全技能应列入教师必备内容之一,要让学生具备这样的技能,需要日常的课堂训练。如在进行单、双杠项目的练习时,要强化学生的安全意识,教会学生保护和帮助的方法,传授正确的技术动作。

二、教师要从"切实提高课堂有效性"的视角进行备课和授课

苏霍姆林斯基说:"如果学生在掌握知识的道路上,没有迈出哪怕是小小的一步,那对他来说,这是一堂无益的课。无效的劳动是每个教师和学生都面临的最大的潜在危险。"作为一名体育老师,我们应该思考的是通过一段时间的教学之后,学生在身体素质、基本知识、技术、技能等方面所获得的具体的进步或发展。也就是说,学生有无进步或发展以及进步或发展的程度是检验体育教学有没有效益的唯一标准。围绕这个话题,如果从体育课的结构来分析,我认为提高课堂的有效性可以从以下几个方面来思考。

(一)要在提高准备活动的有效性和合理性上下功夫

准备活动是一堂课的序篇,很多老师用精心设计、形式多样的准备活动来夺人眼球。如果设计科学合理,那么无疑为一堂成功的体育课打下了坚实伏笔。但如果设计只是图个热闹,那么就显得哗众取宠。

我们知道,准备活动的目的是唤醒人体各器官和身体生理系统,使人体尽快地由相对安静状态逐渐过渡到紧张的运动状态,为基本部分做好生理上和心理上的准备,防止出现运动损伤。根据这个目的,体育老师要根据教材内容、场地、气候、不同年龄的学生及学生原有的生理状态而随

时做出调整。

我常常看到这样的情景:学生们刚刚大课间结束,由于有人观摩,学生大课间活动特别认真,所以有的学生满头大汗还气喘吁吁,接着恰好是一堂体育公开课。执教老师碰到这样的情况却不能顺势利导,没有及时做出相应的调整,继续一成不变地按教案进行慢跑等常规量度的准备活动。反之,有些课上,有的老师主教材是快速跑,但准备活动只以简单的几节操作为热身,全然不顾快速跑距离虽短,却是强度较大的教学内容,这又显得准备活动不充分。此外,主教材明明是足球,但准备活动是一套啦啦操或"江南 style";田径要求勾脚尖,但在准备活动的韵律操时一直强调绷脚尖等。这些都涉及准备活动的科学性和合理性,是值得我们每一个体育教师研究和思考的。

(二) 要在加强对主教材技术技能的把握和钻研上下功夫

体育技术与技能的区别,如前面所述,可以简单地理解为:体育技术是一种客观存在,是人类传承下来的具体科学性、规范性的一种动作;运动技能是人类在运动遗传基础上,在后天的体育学习和锻炼中完成运动动作的能力。前者是针对运动项目本身而言的,后者是针对人而言的。因此,从这个意义上讲,每个学生只有掌握了这个运动技术才能被称为具备了运动技能,所以我们更多的是强调体育的技能。

在学习技能的过程中,我们同样要研究教与学的方法。如学习篮球的传球,有些学生是有基础的,如果老师在教学中依然按自己预设的步骤一步一步教学,那么就完全没有考虑有基础学生的感受,这样的课对该部分学生来说或许就是"折磨"。再如学习足球或羽毛球,教师一味地做徒手练习、原地挥拍练习,学生眼睁睁地看着眼前的球却不能踢起来或拍打起来,那么学生的兴趣是不会高的,学习技能的效果就会大打折扣。反之,如果让学生先练后教,让学生在练习中反复体会,在时机合适的时候再强调技术的规范、要领,或许会事半功倍,正所谓"遇物则诲,相机而教"。

作为一名体育教师,要更多地研究技术项目的特点,研究哪些是技术的重点环节,需要重点教学;对一些技术的过渡环节,即学生一看或一听就明白的,则不需要花很多的时间来教学。如有的老师把篮球运球的转身动作作为一堂课的重点内容,整个一堂课就练习强调转身,而运球过程中手与球的接触点、球与地面的接触点以及手脚的配合这些核心技术却不强调,就给人本末倒置的感觉,不利于学生在有限的时间内掌握核心技术。当然,有一些项目是需要先讲清动作的要领并按要求一步一步教学的,如器械体操中的分腿腾越,就一定要先讲清楚要求,尤其是腿要直、推手及时等,不然学生容易受伤。类似这样的项目要循序渐进、水到渠成才行。

(三)要在提高教师自身专业基本功上下功夫

体育教师站在操场上就应该是一道风景,就应有一种气场,体育教师的每一个口令都应该具有磁性和穿透力,每一个示范都应该让学生仰慕。若要做到这些,专业基本功必然要成为每个体育教师修炼一生的课程。

笔者在观摩一些公开课的过程中,常常看到有些老师会准备一些题板,题板的内容是技术动作的图解,每当此时我就会想,体育教师的基本功在哪?优美的示范不仅是最直观、最感性的教学手段,同时还能激发学生模仿学习的兴趣!题板不是画龙点睛,而是画蛇添足,是教师基本功不扎实、不自信的表现。此外,在观看一些老师的常态课时,常常发现学生待在原地不知所措,白白浪费很多队伍调动的时间,这个时候往往是教师讲解交代不清、队伍调动口令不到位所致。所有这些口令、讲解、示范等都需要体育教师在平时不断磨练提高。

如今,我们的体育老师专业各不相同,水平也参差不齐,加上大学所修内容大部分是理论层面的知识,所以很多老师对中小学的体育课的把控也各不相同。有些老师平时教学只上自己较熟悉的技术项目和身体素质项目,对中小学阶段学生应知应会的知识技能并没有按课标要求让学生掌握。有些教师工作十多年,从未教过学生武术或技巧等自己接触较少的项目内容。由于教师教学能力的原因,使我们距"让学生全面发展、均衡发展"的目标还有很大距离。

体育教师只有不断加强学习,勤于思考,精心备好课,不断提高教学基本功,认真上好课,切实提高课堂有效性,才能真正把体育课上出味道来。

"以生为本"不是一句口号,而是需要我们每一位体育工作者付诸一生的实践中。

第四篇

传承—整合—优化—创新

——体育教师的担当与使命

一所学校深厚的文化底蕴,一定凝聚了数代人的努力。一所学校形成的传统,一定是指形成的文化到了人人皆知、人人认同,并自然延续、自觉所为而至。

　　在一所有着百年文化底蕴的名校中做一名普通体育老师,是幸运的。因为我们已站在了前人的肩膀上,我们要思考的是如何走得更远。

　　本篇收录了我历年所开发整合的课程内容资源和各类竞赛活动方案,以及对新课程的一些理解与实践,笔墨虽不华丽,但可能以此借鉴。

> 研究历史是为了照亮明天。传承学校的文化是教育工作者的责任与使命……

对王季玉①体育教育思想的剖析与思考

多年来,我一直在思考:王季玉教育思想中所蕴含的体育教育思想是什么?

受到美国实用主义教育家杜威和中国现代教育家蔡元培影响的王季玉先生,在当时军阀割据、民不聊生,给开展体育运动造成种种限制与束缚的情况下,是如何把西方的体育教育理念带到振华,从而在她几十年的教育生涯中为振华学校营造了一种宽容的教育环境?为了找到这个问题的答案,我翻阅了许多有关这方面的材料,发现王季玉先生非常注重学生的体育锻炼,她坚信健全的体格是美好前途的基础。

一、日常的宣传教育为学生锻炼身体明确了目标

王季玉先生在《女子教育的前途》演讲中讲道:"希望女子教育在精神、纪律、体格、出路方面多多注意。没有勤奋的精神,没有健全的体格,没有良好的纪律,就是有了高深的学识也是枉然。"这里,她强调了学生要有健全的体格,这在当时"女子无才便是德"的旧思想下,是需要勇气的,也是有一定的指导意义的。虽然当时西方一些比较正规的田径、球类运动及其竞赛已在国内教会学校和青年会中开展起来,但振华作为女子学校能积极响应是相当可贵的,这充分反映了王季玉先生敢作敢为的个性。而所有这些从振华校歌"智圆德方锻炼体魄坚且强,齐家治国身所当"中

---

① 王季玉先生是江苏省苏州第十中学前身振华女校的创始人王谢长达的女儿。1917 年,王季玉就任振华女子学校校长。她一生未婚,只嫁给"振华"。

得到了充分的提炼。如今,我们提倡"健康第一"的教育理念,提出学生能够德智体美全面发展,尤其我们学校长期以来始终把群体性体育活动的开展作为学校的特色与亮点,从这个意义上来讲,王季玉早期的体育教育思想对当今我校体育的发展是有着深远影响的。

二、经费上的保障为学生提供了锻炼的场所

王季玉先生在《三十年来校史报告》中提到的"二二级体育馆落成……历届毕业生之留校纪念物(如己巳亭、来今雨斋、各级纪念路、健身房、纪念钟、凝怀亭等等)"中反映出当时的体育设置已比较丰富。《三十年来校史报告》第二阶段中又提到"惟关于精神方面之设施,则颇加注意……以及运动场之扩充……体育器械之扩充,科学仪器之增加,每年均有指定之数,如图书仪器各一千元,体育设备八百元",从这里可以看出,学校在体育经费上的投入在当时的条件下已相当可观,这是王季玉先生对自己所提出的体育教育思想的一种承诺,充分体现了她讲求"实事求是"的工作作风。

百年后的十中和振华,同样在体育场馆设施方面投入了大量的经费,学校如今有综合体育馆两座,250米塑胶田径场,乒乓房、体操房等齐全,此外,体育器材资源也是苏州之最。所有这些为学生的体育锻炼提供了物质保证,这是历任校长传承振华体育优良传统的有力说明,也是王季玉体育教育思想的一种延续。

三、开齐体育课时保证了学生活动的时间

从相关资料上可看出,振华在新学时就开设了体操课,从课程表中也可以看出,当时把体育作为社会科学课程,初级中学课程叫"体育及童子军",每周4小时(体育及童子军各两小时,童子军另于课外训练一小时),高级中学课程每周体育为2小时,军训为3小时。此外,当时还有其他实践课,保证了学生在校时间的体育活动时间。这与当今提出的"每天锻炼一小时"口号是相似的。37届校友柳忆琴老师曾在《振华母校点滴事》中回忆道:"体育课十分重视各项活动,每人跳远跳高常要练习,要求最低限度过关,因此必须重视自觉去锻炼。还有爬很高的梯子,每人一定

要爬到顶后跨过去再往下爬,很多胆小的怕得要命,甚至要哭出来了,还必须爬。"从这一段回忆中同样可以看出,当时体育课堂教学相当严谨,这为振华日后在教育教学上的发展奠定了基础。

或许,振华新学时体育课堂教学的严谨作风一直影响至今,长期以来,我校体育课堂教学方面一直在起着引领作用,在历年的省市各级的教学能手和教学基本功竞赛中,我校多人多次获得一等奖。这与振华和十中百年来所形成的课堂教学特色是分不开的。

四、各项课外活动的开展提高了学生终身体育的能力

当时体育课辅导方面专门设立了课外作业指导委员会,要求学生自治会及各研究会自行开展,教导处予以帮助。课外训练科目,由教务处规定程序。当时学生自治会开设了球组、田径赛、拳术等项目。

可以说,当时的教育方针规定得还没有以后那样明确,人们普遍认同德智体美或德智体全面发展的提法。在王季玉教育思想指导下,学校开展了丰富多彩的课外体育活动。相关数据也说明,全校有80%以上的学生参加了体育、文娱等新颖活泼的课外活动,寓教于乐,这不仅提高了学生对体育的能力,更通过体育活动加强了学生的思想教育,取得了显著成绩。

开展各项群体性活动,丰富学生的课余生活,促进学生的健康,同样也是如今学校的特色。不仅如此,我们还在原有的基础上,结合当今学生的特点,针对性地创设了许多群体性体育活动项目,学生课外体育活动和竞赛的参与率为100%,在体育活动中同样注重对学生体育能力的培养和思想道德的塑造。为此,学校多次被评为全国、省、市群体先进单位,让王季玉体育教育思想得到了光大。

五、参加各种竞赛提高学生的荣誉感

追溯振华体育历史,相关资料没有显示出现过奥运冠军或体育界风云人物,但学校鼓励学生参加各类竞赛,在读书的同时提高女生的身体素质,培养学生的集体荣誉感和爱校意识。如《三十年来校史报告》中提到,"同时注重体育,而参加省立联运动会之来宾表演,此为本校体育第一

次公演之纪念",后又提到"更参加省立中等学校联合运动会、全省运动会、苏州女子运动会等,关于体育方面之设施及改进,不遗余力"。著名校友何泽慧院士当时就代表学校参加过以上类别的女子排球比赛。

多年来,我校的业余训练传承历史传统,近百年如一日,保持常年训练,使学生的体育能力在普及的基础上得到提高。也正因为如此,学校在参加省、市各级比赛中取得了优异的成绩,得到了社会各级的认可。学校也在用这种方式作用弘扬王季玉的体育教育思想。

我常想,十中和振华的体育老师是幸运的,十中和振华的校长更是睿智的。从古到今,先贤哲人都明确提出过体育对人的发展所起的不可替代的作用:孔子在教育实践中强调"六艺"教育,包括射箭和驾驶马车。古希腊的柏拉图主张造就身心协调、发展完善的人,用体育锻炼身体。欧洲文艺复兴时期的人文主义者,也主张人的身心应全面发展,注重教学生骑马、角力、击剑、射箭、游泳、赛跑和各种游戏。如今,"让所有的青少年要更加重视体育"是教育部重点提出的口号。周济部长曾在《义务教育课程标准》修订工作会议上强调:"我们党和国家、民族的未来和希望都是在青少年身上,所以,要更加重视青少年的健康成长。要把体育摆在更加重要的位置上去,把体育工作作为推进素质教育的重要抓手,全面落实健康第一的思想,把增强学生体质作为学校体育的基本目标,把健康素质作为评价学生全面发展的重要指标。尤其是要全面落实加强青少年体育的举措。"值得欣慰的是,这些,我们过去做到了,现在我们仍然做得很好。

或许,所有这些,都来自于王季玉先生质朴体育教育理念的延伸,体现在她注重学生的体格健全上,体现在对学生终身体育能力的培养上,体现在她对学生能适应未来社会的美好心愿上。也正是这个美好心愿,才使得我校的体育历史悠久绵长。

> 如何用理论指导我们的实践，又如何在实践中不断探索提高教育教学质量，是我们进行课题研究的目的。以下是我在新课程改革中带领所在单位组员进行实践的市级课题，记录了课改的历程……

《体育与健康》课程内容资源开发和应用研究[①]

一、课题的提出

体育与健康新课程标准贯彻"健康第一"的指导思想，充分体现了体育与健康课程以身体练习为主的特点和身体、心理、社会的三维健康观。由于新课程标准以目标的达成来统领教学内容和教学方法的选择，因此各地、各校和教师可以根据具体情况选择不同的内容，采用多种形式和方法达成课程目标。然而，课程目标的实现仅仅靠课堂教学是不够的，因此，将体育与健康课堂教学和课外体育活动相结合，真正树立大课程观，建立多元评价体系，才能全面有效地实现体育与健康课程目标。

我校[②]是国家级示范高中，现代化示范初中，办学规模属苏州市之最，每个年级相当于一至两所普通中学的学生人数，这样规模的城市中学，学校现有的场地器材资源开发受到了一定的限制，在这种情况下，如何来开发课程内容资源，从而完成课程目标，值得我们深思。为此，我校在完成课程计划规定的体育课时外，初高中各增设了一节选修课，并对课间操、课外活动等进行了改造，充分挖掘学校现有的人力、物力资源，精心组织和筹备，通过对各项内容的改造、新兴运动的引入来提高学生体育学习的兴趣，让学生人人参与、人人享受体育的乐趣，人人通过体育活动使

---

① 该文为苏州市教育科学"十一五"规划立项课题。
② 学校为江苏省苏州市第十中学。

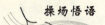

身体得到锻炼,能力得到提高。此外,通过一系列小型体育竞赛这个激励手段,辐射校外体育资源的开发,真正树立大课程观,全面有效地实现体育与健康课程目标。

二、概念的鉴定

广义的学校体育与健康课程内容资源是指有利于实现体育课程和教学目标的各种因素,狭义的仅指形成体育课程与教学的直接因素来源。本文指学校和教师通过对有利于学生身心发展特征和兴趣爱好的运动项目、竞赛规则进行改造,通过把学生对现代舞等的时尚追求变成健康向上、参与性强、安全有益的课程内容,通过开发宝贵的民族民间体育资源等,来实现体育课程和教学目标。

体育与健康课程内容资源的开发是指通过充分挖掘学校现有的人力、物力资源,精心组织和筹备,改造一些枯燥、陈旧的内容,引入新兴的体育运动,创编适合中学生的运动项目等。

体育与健康课程内容资源的应用是指把开发的课程内容在课堂教学、课间和课后进行实践,以提高学生体育学习的兴趣,增进学生的健康。

三、理论基础

新课程标准强调"健康第一"的指导思想,学生通过学习,不断提高体能和运动技能水平,发展良好的心理品质,增强人际交往技能和团队意识,提高对个人健康和群体健康的社会责任感,塑造健康的体魄,逐步形成健康的生活方式和积极进取、充满活力的人生态度。

体育竞赛、新兴项目以及民族民间体育运动不仅能有力地推动体育事业的发展,提高学生体育运动的兴趣,展示学生的体育才能,更能培养学生的集体主义精神,锻炼学生的组织能力,提高学生的心理健康水平和社会适应能力,使体育与健康课程的实施更趋完善。

四、研究意义

本课题充分体现"健康第一,以学生为本"的教学理念。作为规模庞大的城市重点中学,在场地、器材开发受限制的情况下,结合学校特点,在完成必修课程外,充分利用现有的人力、物力资源,积极开发课程内容资源,从课内外教学内容、组织形式等方面进行实践尝试,找出适合城市中学自身发展需要的特色,提高学生终身体育的能力。同时,通过研究来提高体育教师的组织能力、教学能力、综合运用能力,为新一轮体育课改的顺利实施打下坚实的基础。此外,作为有着优良体育传统的百年老校,能进一步在省市起到引领作用。

五、研究方法与对象

(一)研究方法

1. 文献法

阅读有关教育学、心理学及新课程方面的理论,举办学习研讨会等。

2. 实验法

(1)制订课程内容改造方案,确定内容。

(2)根据学校现有条件,成立各单项小组。一方面,组织课题组成员进行各项内容的改造和制定,确定评价标准。另一方面,利用校园媒体向学生宣传,让学生都明白学校的意图,从而共同参与。

(3)根据学校现有条件有针对性地对课堂教学内容、年级选修课内容进行改造;创编室内课间操,并在全校范围内试行;发放多种形式的竞赛规程和报名表,要求学生人人参与小型竞赛和裁判工作;编写校本教材等。

(4)教学实践。

①课堂教学中引用开发适合学生身心发展的课程内容资源,提高学生学习的兴趣。高中年级课打破班级界限,根据学校现有条件及学生人数、师资力量等,通过学生自由选择,开设篮球、排球、体操、乒乓、羽毛球、女子防身术等项目;初中年级活动根据学生特点,开设球类、素质游戏类、拓展类等项目。

②提高学生课间活动的质量。提高室外课间操质量,通过评比、年级比赛等促进学生良好锻炼习惯的养成;改编室内操,通过媒体、体育课和年级课教学、评比等提高每个学生的动作质量,并在雨天不能到室外做操的情况下保证学生的课间活动;冬季通过精心组织和设计,改造长跑形

式,以方阵行进的方式进行课间长跑活动等等。

③积极开展小型竞赛系列活动。坚持"比赛促活动,以活动促健康"的宗旨,通过体育节小型竞赛系列活动,提高班主任和学生的意识,增加学生锻炼的时间,形成学校特色的课外小型竞赛和表演活动;扎实有效地开展地方特色的"冬季三项",并通过改造,提高学生的参与率等等。

④开展冬令营和夏令营活动。把目前风靡全球的用来培养管理能力、心理素质及人格训练的成人拓展训练,根据中学生特点,有针对性地运用到中学课堂中,让学生磨练意志、陶冶情操、完善人格、熔炼团队。

3. 调查法

对所在学校学生进行询问、调查,了解学生的兴趣、效果和改进意见。

(二)研究对象

苏州市第十中学、振华双语实验学校全体学生。

六、研究的主要步骤

(一)确立目标,明确分工

学校是体育传统项目学校,有优良的体育传统与规范的体育制度,更有一个优秀的体育教师群体,这为本课题的顺利实施打下了坚实的基础。但是,同样受体育传统和大环境影响,长期以来,基层学校体育课程教学从动作的学习到场地器材的配置规格,都是竞技化、成人化的,如田径、球类、体操等教材以及双杠、单杠等场地,跟中学生的兴趣、需求和可接受性有一定的差距,这使得原来的体育课程内容很难突破竞技体育的框架,导致体育课程的内容极度单调、贫乏,更使体育课程资源浪费极大。面对这种现状,学校全体体育工作者达成了共识,那就是在现有的基础上,开发适合中学生身心特点的体育课程内容资源,提高学生体育课教学的兴趣,以切实可行的措施提高学生的身体素质。

为了能把这项课题做细、做实,课题组成员多次召开会议,就开发资源的目的、内容、质量、可行性、可操作性、可持续性等进行了研讨,确定了开发的主要内容:编写校本教材、制定小型竞赛的内容与规则、改编拓展运动、创编室内操、撰写相关教育教学论文等。课题组成员进行了分工与合作,部分成员负责改编与创编,部分成员在课内外活动中实践,并不断改进,提高质量。

(二)挖掘教师专业潜能,开发教学资源

每个体育教师基本都有专项,利用这一点,课题组决定从改造竞技项目,简化规则,挖掘内容的多种功能以创编小型竞赛系列活动入手,篮球专业的教师负责篮球课程资源的开发,创编以基本技术为主的小型竞赛,如多人投篮比赛、多人运球比赛、五人制十分钟循环比赛等;排球专业的教师开发排球课程内容资源,同样创编以排球基本技术为主的小型竞赛,如发球比赛、垫球比赛、男女排球混合年级比赛等;体操专业的则以改编室内操为主;田径专业的以创编迎面接力比赛、掷远比赛、跳跃比赛为主(见表1)。与此同时,指定专人编著校本教材《中学女生防身术》和引入新兴的体育项目,如拓展运动等。此外,还有一部分教师负责其他项目的开发,如创编齐心协力跳绳比赛,改编拔河比赛规则等。

表1 创编或改造的部分课程内容资源

项目	类别	改造内容			常规竞赛
田径	跑	迎面接力	10×250米男女混合接力	迎新长跑等	校运会
	跳	十级蛙跳	立定跳远	趣味接力比赛	校运会
	投	掷准比赛	实心球掷远(不固定式)	趣味投远等	校运会
球类	排球	自垫、双人对垫	双人对传比赛	发球比赛	年级排球赛
	篮球	定点投篮比赛	运球接力比赛	绕杆运球接力等	年级篮球赛
	羽毛球				羽毛球比赛
	乒乓球				乒乓球比赛
拓展		齐心协力	蜈蚣鞋	踩高等	夏令营 冬令营

续表

项目	类别	改造内容			常规竞赛
其他	冬季三项	毽子	一分钟单踢		左右盘踢
		绳	一分钟短绳（单跳）		一分钟短绳
					三分钟长绳
	拔河		短时间拔河		拔河比赛
	表演类	健身操	有氧健身操	集体舞	表演
		武术	女子防身术	太极拳	表演
		广播操	室内操	室外操	学校评比

（三）联系实际，实践检验

课题组成员充分意识到，检验课程资源的开发价值的标准在于能否在课内外实施。为此，课题组精心策划与组织，将改造、引入的新兴体育项目运用或渗透到课堂教育、课间活动、课外活动之中。开展了多种形式的能满足学生爱好与兴趣需要的小型竞赛，并在活动中不断改进，使每一个开发的课程内容资源都对学生健康有利，对学生掌握技术技能有利，对学生终身体育能力有利。此外，学生作为本课题研究的直接受益者，是本课题关注的重点。为此，在实践过程中，课题组成员不断从学生的主动参与率、学生的外在情绪表现、学生喜爱程度等方面的反馈，来改进内容与组织，使开发的课程内容资源更有效，更有价值。

七、主要成果

通过"实践—理论—实践"的不断改进与提高，课题组成员在规定的时间内完成了体育课程内容资源的开发与利用，取得了阶段性的成果。

（一）学校体育工作者提高了课改意识，能力得到了提高

三年来，学校全体体育工作者通过不断学习、研讨和实践，提高了理论水平和实践能力，人人能胜任体育教育教学工作，在学校开展的各项竞赛中表现出较高的组织能力。近三年来，课题组成员出版了校本教材《女子防身术》，有4篇论文在国家级刊物发表，有多篇论文在省、市级刊物发表。此外，多人在市级以上体育教育教学论文评比中获奖。

在苏州市教科院举办的青年老师教学基本功和教育能手比赛中，我

校有2人获市区一等奖,1人获大市二等奖,5人获市区二等奖。此外,课题组成员还在教育局和电教馆的组织下,多次展示了开发的课堂教学内容,得到了大家的好评。

(二)高中体育与健康新课程改革取得了实质性的进展

高中新课程改革全面实施后,我校体育与健康课程积极响应,在校领导与各年级老师的大力关心和支持下,选项教学在高一作为起始年级全面展开,根据学校实际,开设了羽毛球、女子防身术、排球、篮球、乒乓球、体操等课程,受到了学生的喜爱和欢迎。尤其是女子防身术,是所有开设项目中选修学生最多的课程。为了进一步提高课堂教学质量,切实提高学生技术技能水平,学校召开了面向全市的教学公开展示活动,得到了与会专家和同仁的好评。更值得大家欣慰的是,我校高中体育与健康课程实施方案获得了江苏省普通高中评选一等奖,这极大地提高了课题组成员的积极性。

(三)开发的课程内容资源渗透在体育课内外教学中,形成了学校的特色

课程内容资源的开发是为了弥补城市中学场地开发受到的限制,同时也是为了突破竞技体育的框架,更有利于提高学生体育锻炼的兴趣,有利于学生技术技能的掌握,有利于提高学生的身体素质和健康水平。为此,我校在开齐开足规定的课程外,围绕"以竞赛促活动,以活动促健康"的宗旨,开展了多种多样的竞赛活动。学校在每学年的开学就制定好了一年的竞赛活动(见表2),如一年一届的学校运动会已成为我校师生的体育"节日"。为了培养学生的团队精神、集体凝聚力和顽强拼搏的精神,更为了提高学生的活动参与率,学校精心设计,积极组织,项目设置上除传统的田径项目外,特设了具有群体特色的"50米迎面接力""齐心协力跳长绳"等比赛项目,从而使学校运动会的学生参赛率达95%以上;"冬季三项"(迎新长跑、跳绳、踢毽)等活动能有效地增强学生的心肺功能,全面提高学生的体质机能,培养学生不怕艰苦、勇敢顽强的作风,多年来已成为我校群体传统体育项目。每年进入12月,学校课间活动就改为课间长跑。在音乐的指挥下,各班在班主任老师的带领下,成整齐的方阵有序地锻炼,成为学校冬季锻炼的一大亮点。为了能在跳绳、踢毽子比赛中取得好成绩,班主任老师和学生一起利用课间休息及放学后进行锻炼,

校园内随处可见绳摇毽飞、欢声笑语的景象,学生的活动参与率达到了100%;冬令营、夏令营等是学校群众性体育活动又一大特色。针对当前独生子女能力差、不善交友等特点,学校每年都利用寒暑假组织全校性的冬令营、夏令营等体育活动,大大丰富了学生假期生活,提高了学生身心健康水平。学校不仅组织学生开展形式多样的体育活动,更积极参与市级以上各项表演或竞赛活动,如参加市各级广播操比赛,参加市委市政府组织的"元旦迎新长跑"活动,参加市"冬季三项"比赛,参加由区、街道、小巷等组织的各项比赛活动,使全面健身活动真正落到实处。

表2 体育节方案

时间	比赛及活动内容	参加对象	备注
9月	迎面接力跑比赛	全体学生	年级课时间 规定校运会时间 课堂教学
	校运动会		
	广播操比赛		
	集体舞表演		
	选项教学(羽毛球、女子防身术、排球、篮球、乒乓球)		
	室内操	初中学生	雨天课间
10月	"齐心合力"跳绳比赛	初中学生	年级课时间
	小型竞赛	全体学生	年级课时间
11月	羽毛球、乒乓球比赛	部分学生	班会课 课外活动
12月	课间跳绳开始	初三年级学生	课间操时间
	冬季三项比赛	全体学生	课外及年级课时间
	课间长跑开始	全体学生	课间操时间
	迎新长跑比赛	全体学生	年级课时间或学校指定时间
2月	拓展运动比赛	初中学生	冬令营
3~5月	年级篮球比赛、排球比赛	初三学生 高中学生	课外活动时间 年级部规定时间
8月	拓展运动	初中学生	夏令营

八、研究后的思考

（一）体育教师由课程的执行者到课程的参与者、研究者、开发者

1949年以来,我国先后进行了七次基础教育课程改革,每次都取得了历史性的成就。而在改革过程中,教师几乎都处于课程变革的边缘。变革的失败引发人们诸多的不满,于是提出了"教师参与课程变革"这一命题。如果说传统的体育课程改革缺少教师参与的土壤,那么本次课程改革在变革模式上发生了变化,从而对教师的课程参与提出了诸多期待和可能。本课题为课题组每个教师提供了舞台,使其成为课程实施的研究者和开发者。

（二）体育课程改革离不开学校领导的关心和支持

我校是体育传统项目学校,历届领导都非常重视学校的体育工作。本课题的顺利实施与校领导及各级行政部门的关心和支持是分不开的,有了校领导提供的舞台,体育老师才能充分发挥主观能动性,才能富有成效地完成各项任务。

（三）不断加强教师职前培养和职后培训

教师专业的不突出或达不到"一专多能"都是教学的一种缺失。目前,高校的改革相对有些滞后,师范专业的课程设置与中学教学相对有些脱节,加上教育实习的时间较短,因此,教师培养不能满足社会发展的需求。这就要求我们的教师能抓住机遇不断学习,提高自身的业务水平,以适应新一轮课程改革的需要。

> 2005年开始的高中体育新课程改革,提出了模块教学和学分等要求,这需要改变原有的教学和组织模式。如何结合学校实际有效地开展教学活动?我带领所在学校全体组员进行了改革与创新。以下是由我执笔并获省一等奖的方案。

体育与健康新课程实施方案[①]

高中体育与健康课程是一门以身体练习为主要手段,以体育与健康知识、技能和方法为主要学习内容,以增进高中学生身心健康为主要目的的必修课程,它具有鲜明的基础性、实践性和综合性,是高中课程体系的重要组成部分,是实施素质教育和培养德智体全面发展人才不可缺少的重要途径。体育与健康课程的改革对于推动素质教育实现突破性进展具有十分重要的意义。为深入贯彻落实《中共中央国务院关于深化教育改革全面推进素质教育的决定》《国务院关于基础教育改革与发展的决定》和教育部《全日制义务教育普通高级中学体育与健康(7~12)课程标准》指导思想,我校结合《江苏省普通高中课程改革实施方案》《苏州市普通高中课程改革实验方案(试行)》《苏州市第十中学高中新课程实施方案》,特制订本实施方案。

一、实验工作的指导思想

坚持以教育要"三个面向"的精神和"三个代表"的重要思想为指导,全面贯彻党的教育方针,紧密结合学校实际,目标明确、步骤清晰、措施具体、积极稳妥地开展高中体育与健康新课程改革的实验,构建具有十中体

---

① 该方案于2006年获江苏省《普通高中体育与健康课程学校实施方案》评比一等奖。

育特色的、适应时代要求的、充满活力的课程改革体系,探索适合我校发展特点的课程改革路子,倡导新教育理念并付诸实践,因地制宜、实事求是,扎实推进素质教育,以有利于学生全面发展,有利于体育教师队伍素质的提高,有利于提高体育教育教学质量,有利于学校体育特色在新课程下更有特色。

二、实验工作的基本目标和任务

1. 全面实施并验证教育部《普通高中课程方案(实验)》《全日制义务教育普通高级中学体育与健康(7~12)课程标准》和体育与健康教材,为课程标准的完善和地区、学校新课程总体方案的正式实施提供建设性的意见。

2. 立足我校的实际,探索体育与健康新课程实施的有效方式和途径,为新课程方案的推广提供有益的、可以借鉴的经验。

3. 通过体育与健康课程实验工作的开展,加强体育教育教学理论的学习和研究,探讨新课程下的体育与健康教育教学理论和实际教育教学工作的有机结合,真正完成从传统的教育观念到现代的教育观念的转变。

4. 大力开展以校为本的体育与健康教育教学研究,推进基于模块的课堂教学改革和教学方式的转变。加强教学管理的研究,构建与新课程实施相适应的学生选项指导制度和学分制教学管理制度。

5. 探索评价制度的改革,建立符合新课程要求的发展性评价制度和教育教学水平检测体系。改革体育课程评价方法,充分发挥评价功能,促进学生的健康发展和教师业务水平的不断提高。

6. 全面加强全体体育工作者的继续教育,改变教育教学观念,用现代的教育理念指导工作,真正做到学校的一切都是为了学生的健康发展,使每个学生在高中阶段的学习生活都得到发展。

7. 通过体育与健康课程改革实验,促进学校教育教学改革的进一步深化,逐步建立科学的管理体系,开发多样的体育课程资源,从而进一步提升学校的办学质量和办学水平。

三、实验工作的基本原则

1. 思想先行的原则。实施普通高中体育与健康新课程方案,事关每位同学的健康发展。要通过广泛的思想教育,使全体体育工作者充分认识课程改革的必要性和紧迫性,切实树立现代教育教学理念,把新课程试验变成每个人的自觉行动,把提高学生的素质作为学校的终极目标。

2. 实事求是的原则。体育与健康课程改革是一项复杂的系统工程,在推进的过程中必须本着实事求是的原则,既不能缩手缩脚,又不能不切实际,要正确处理好二者的关系,对我们所遇到各种各样的问题,要正确对待,而解决这些问题我们必须本着实事求是的原则,量力而行,积极积累经验,为以后工作的开展打下一个非常好的基础。

3. 理论与实践相结合的原则。课程改革实验是一项开创性的工程,课改实验将要牵涉多方人员参加,因此,必须以科学理论为指导,运用科学理论来统一人们的思想,协调参与者的活动。课程改革也是一项实践性很强的创造性工作,只有不断实践,才能总结经验,突破原有课程体系的羁绊,闯出一条课改新路。实验人员观念与行为到位是保证课改运行的两个不可缺少的动力。在实验过程中,既要摒弃那种先观念、后操作或理论灌输与行为转变脱节的做法,又要反对缺乏先进观念引导、用旧经验老做法来进行新实验的蛮干,把观念转变和行为转变有机结合起来,共同促进课改实验顺利进行。

4. 科研引领的原则。体育与健康新课程试验是一项实践性较强的工作,但同样需要坚实的教育科研支撑。学校要在充分借鉴教育研究部门及我省、市新课程理论研究成果的基础上,激发和调动体育工作者试验新课程、研究新课程的积极性,形成以校为本的研究机制,积极探索我校实施体育与健康新课程的有效途径和形式。

5. 协同推进原则。新课改离不开各方面的紧密配合,协同作战。要加强学科与学科之间的协作;积极倡导教师之间、师生之间、教师与专家学者之间的互动、合作与对话;加大开放力度,加强学校与社区、家庭的联系与合作,实现资源共享互补,为新课程实验工作拓展新的发展空间。

6. 以人为本原则。要注重创设尊重人才、鼓励创新、民主开放的学校体育管理氛围和工作机制,充分发挥体育教师和学生在实验工作中的主体地位,激发其积极性和创造性。

四、实验工作的重点和难点工作

1. 学校体育与健康课程设置方案和开课计划的制订。学校课程设置方案和开课计划要符合国家新课程方案的刚性要求,体现新课程多样化、个性化的特色,同时要考虑充分利用学校教师、场馆设施等资源。

2. 学生选项指导和学生个性化的培养。长期以来,过于集中的教育体制使不少学生缺乏主动性,没有个性,没有主见,容易人云亦云,随波逐流。体育任课教师要在与学生的密切接触中观察和认识学生,判断他们的个性,认识他们的兴趣、爱好和特长,帮助其选择符合自身特点的运动项目,选取最能挖掘学生潜能的学习内容和方式。

3. 基于学校的体育与健康课程建设、课程资源开发和管理工作。深刻理解体育与健康新课程方案课程结构和课程设置的创新性,发挥教师和学生的积极性,探索适合于我们学校实际情况的校本课程及学校课程资源的开发。

4. 和体育与健康新课程实施相适应的教师队伍的建设工作。要按照"先培训,后上岗;不培训,不上岗"的原则,以抓好体育骨干教师的新课程培训为切入点,以全员培训、整体提高为目标,结合学校实际,组织好教师的体育与健康通识培训和体育与健康课程标准培训以及实验教材的培训。

5. 创建发展性评价体系和教学监测机制。研究开发切实可行的高中学生综合评价方案,构建发展性评价制度。

五、实验工作的保障措施

1. 组织保障。在学校高一新课程实施小组的领导下,成立体育与健康课程高一年级备课组,统一部署和协调体育与健康新课程的实施。

2. 场地器材的保障。在原来的基础上添置了体育器材,并将翻建新的体艺综合楼,为课程实施的顺利进行提供必要的物质支持。

3. 学校教务处的统一排课。体育与健康作为特殊的一门课程,受场地器材的限制,教务处首先安排体育与健康课程,以确保教学的顺利开展。

六、学校现状

苏州十中是一所环境优美、历史悠久、文化底蕴丰厚、俊才辈出的百年老校,其中的西花园江南名石"瑞云峰"和"江南织造府"旧址最为著名。苏州十中在体育上也有着优良的传统和辉煌的业绩,学校五次获得全国群体先进集体的光荣称号;多人多次在省、市各级教学能手和教学基本功比赛中获得一等奖的好成绩;学校的运动队训练一直是学校的特色,在全国、省、市各级各类比赛中成绩一直名列前茅;学校更有浓厚的科研氛围,体育教师每年都有论文在全省乃至全国刊物上发表和获奖;多年来,学校在体育场馆设施方面和教师的业务培训方面投入了大量的资金,为满足教育教学需要提供了有力的保障。目前,新的体艺综合楼即将动工,为新形势下更好地进行体育教育教学改革提供了物质保证。此外,学校体育教师资源充足,现有体育教师23人,其中高级教师10人,一级教师7人,苏州市名教师1名,市学科带头人1名,全国群体先进个人2名。所有这些都为新课程的实施储备了资源。

苏州十中的体育工作尤其是课堂教学一直走在苏州市前列,在课堂教学这个主阵地上,学校坚持"健康第一"的指导思想,以思想素质教育为灵魂,以培养学生的创新精神和实践能力为重点,通过探究性学习和合作学习,促进学生掌握体育知识和技术技能,提高学生的身体素质,发展学生的个性,培养学生良好的体育锻炼意识和能力。为此,学校的体育工作成为学校的一大特色和对外展示的窗口。

七、实验工作的实践基础

从2001年开始,学校在原来男女分班教学的基础上,随机对高中220名学生(其中男生120名,女生100名)在体育兴趣、体育爱好及对体育教学内容和方法等方面的意愿做了问卷调查。通过分析统计,发现54.5%的学生对现有的体育教学内容和按行政班统一教学的模式不感兴趣,其中有81.8%的学生不喜欢田径、武术、体操等项目,而有95.5%的学生对球类、新兴项目较为热衷;在对以教师为主的组织形式和对以教师为主的教学方法的统计中发现,有68.2%的学生希望能自己组织学习,88.6%的学生希望能根据自己的意愿选择自己喜爱的项目。为此,学校利用体育年级课首先尝试了按学生的兴趣进行分班教学的实验,并积极研究课程内容,开发了多种课程

内容资源,这一方面得到了学生的喜爱,另一方面也积累了许多宝贵的经验。在实验过程中,全体体育工作者不断总结和反思,到2004年形成了新课程正式实践的基本方案,除了学校将满足的硬件设施外,通过全体体育工作者的反复研讨,提出了新课程实施中要着力解决的三个主要问题。第一个问题是如何培养学生体育专业特长的兴趣和进行技术技能的系统训练,第二个问题是如何突破城市中学场馆开发的限制而积极开发课程内容资源,第三个问题是如何提升教师本身的专业水平和业务能力。

八、实验工作的正式起动

2004年,学校全面贯彻省、市教育行政与教研部门有关文件精神,在全校进行高中新课程改革的动员,并到全国各地进行参观和学习。2005年7月,学校就高一新课程的实施专门进行了各级培训,成立了高一新课程实施领导小组,体育与健康课程也专门成立了高一年级的备课组,进行了理论层面的学习和研讨,确定了体育与健康课程的总体方案,方案包括课程性质、课程模块设置、课表编排、学分认定及教学评价等。此外,基于学校体育工作的特殊性,学校通过多次商量和研究,决定体育与健康课程从高一就全面开始选项,旨在通过体育与健康课程的实施获得选修课程中成功的经验,找出存在的不足,为其他课程的全面实施积累宝贵的经验。2005年8月中旬,学校体卫艺与教务处一起,对高一全体教师进行操作层面上的培训,对人员的确定、模块的设定、领域目标和单元计划的

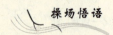

制定、教学内容的确定等做了具体的布置,明确了前期的分工。8月下旬,学校全面对学生进行培训与指导,并发放了选项表,高一体育备课组对学生的选项进行分组与协调,并于9月1日学生正式上课前反馈给每一个学生。

九、课程设置系列与模块

（一）水平五

	系列	设置模块	学时	学分	教学安排	实施形式
必修必学	健康教育	1.传染性、非传染性等疾病的预防	18	1	分散与集中相结合	讲授与实践、参观相结合
	田径类	2.短跑、接力跑等	36	2	相对集中安排	讲授与实践
		3.跳远、三级跳远等				
		4.轻器械、技能型投掷等				
必修选学	水上类	5.游泳	144	8	分散	课外学习,集中考核
	民族民间体育类	6.女子防身术				
		7.太极拳等				
	球类	8.篮球				
		9.排球				
		10.乒乓球				
		11.羽毛球				
	体操类	12.健身操或垫上运动				
	新兴运动类	13.现代舞				
		14.拓展运动（Outward Bound）				
合计	7	14	198	11		

注：1. 每学年选择一次,三年总计不超过五项。

2. 健康教育在高一年级完成。

3. 田径是我校传统体育,并作为校本资源开发,学生必修36个学时,合格获得2个学分。

4. 游泳和女子防身术是生存技能,同样作为地方和校本资源开发,学生各必修18学时,合格分别获得1个学分。

（二）水平六

1. 学生在获得体育11个必修学分后,至少可以再选择5个学分以上的内容进行学习。学习模块的设置将根据学生的体育成绩和调查问卷等情况进行调整和安排,原则上以成绩优异的学生为主要对象。

2. 学校招进的高水平运动员以及学校选拔的篮球、排球、乒乓球、游泳等运动员,高中阶段凡代表学校参加市级以上比赛,获得大会设定的团体比赛名次或个人名次的运动员,则可以获得1个学分。每次比赛可重复计算,但累计不超过5个学分。

以上学生学分的确定由体育教师考核,体育组讨论,体卫艺处审核,最后成绩报年级部。

十、学段教学进度安排

学段	学期	周课时数	上课周数	总课时数	所选模块	学时分配	备注
高一	第一学期	2	18	36	田径、篮球、排球、羽毛球、健身操或垫上运动、健康教育	田径9学时、健康教育9学时	场馆翻建
	第二学期	2	18	36	田径、篮球、排球、羽毛球、健身操或垫上运动、健康教育	田径9学时、健康教育9学时	
高二	第一学期	2	18	36	田径、篮球、排球、女防、羽毛球、乒乓球、健身操或垫上运动、健康教育	田径9学时	根据场馆建设、师资及新高一情况可调整模块
	第二学期	2	18	36	田径、乒乓球、篮球、拓展球、羽毛球、健身操或垫上运动、健康教育	田径9学时	
高三	第一学期	2	18	6	篮球、排球、太极拳、羽毛球、乒乓球、现代舞		
	第二学期	2	10	20	篮球、排球、太极拳、羽毛球、乒乓球、现代舞		

注：1. 田径与健康教育安排在高一和高二年级,渗透在其他模块之中。

2. 组织形式基本采用同质(兴趣爱好)分班内部(水平高低或男女)分组;授课方式采用B型授课(指一个学年内由于单元变化而导致教师变化。A型授课指一个学年内无论单元怎么变化教师都不变)。
3. 根据制定的水平目标,各项目单元评价成递进关系(新选与复选评价标准不一样)。

十一、教学评价

根据《苏州市普通高中课程改革实验方案(试行)》和《苏州市第十中学高中新课程实施方案》要求,对学生进行考核分为必修模块学习的综合评价和选修模块学习的综合评价,具体评价方案如下:

1. 体育与健康课程的模块学习综合评价包括过程评价和终结性评价,即:

模块学习综合分(100分) = 模块学习过程分(30分) + 模块考核分(100分) × 70%

(1) 模块学习过程评价。

模块学习过程分(30分) = 出勤记录分(10分) + 学习表现分(20分)

出勤记录占10分:迟到扣2分/次,缺勤扣4分/次,扣完为止。

学习表现占20分:一学期评价一次,由学生自评(6分)、小组互评(6分)及教师评价(8分)所组成。

学习表现评价表

	评价指标	自评(6分)	互评(6分)	教师评价(8分)
1	能主动、自觉地参与体育运动			
2	在体育活动过程中能全身心地投入			
3	能积极主动思考,为达到目标而反复练习			
4	能认真接受教师的指导			
5	能做到积极向上,不怕困难,意志坚强,有成就感			
6	能与同学友好相处,合作学习,敢于竞争,有自我、集体及社会责任感			
	合计			

注:认为优秀得2分,一般得1分,差得0分。

例如:评价张三同学的学习表现分:

评价指标	自评(6分)	互评(6分)	教师评价(8分)
能主动、自觉地参与体育运动	2	2	2
在体育活动过程中能全身心地投入	2	1	1
能积极主动思考,为达到目标而反复练习	2	2	1
能认真接受教师的指导	2	2	1
能做到积极向上,不怕困难,意志坚强,有成就感	2	1	1
能与同学友好相处,合作学习,敢于竞争,有自我、集体及社会责任感	2	0	1
合计	12	8	7
得分	6	4	4.7

计算如下:

张三同学都得满分则为 12 + 12 + 12 = 36(分)

现张三同学的学习表现分为 12÷12×6 + 8÷12×6 + 7÷12×8 ≈ 6 + 4 + 5 ≈ 15(分)

(2)模块学习终结性评价。

终结性评价由身体素质、运动技术和运动技能、基本知识组成模块考核分,得分标准参照相应年级《学生体质健康标准》和相关技评标准。

例如,张三同学必修田径模块考核分(通过查分)为[(80 + 75 + 80)÷300×100]×70% = 78.3×70% ≈ 55(分)

例表(1):学生张三模块学习(必修田径)的体育成绩:

| 姓名 | 出勤(10分) | 过程评价(30分) | | | | 累积分 | 终结性评价(100分)×70% | | | 累积分 | 总得分 |
| | | 学习表现(20分) | | | | | 体能 | 运动知识与技能 | | | |
		自评(6分)	互评(6分)	教师评价(8分)	小计		50米(例)	实心球(例)	跳远(例)		
张三	10	6	4	5	15	25	80	75	80	55	80
李四											

又如,张三同学选修篮球模块考核分(通过查分)为[(70+80+75+75)÷400×100]×70%=75×70%≈53(分)

例表(2):学生张三模块学习(选修篮球)的体育成绩:

姓名	过程评价(30分)					累积分	终结性评价(100分)×70%				累积分	总得分
	出勤(10分)	学习表现(20分)					体能		运动知识与技能			
		自评(6分)	互评(6分)	教师评价(8分)	小计		50米(例)	俯卧撑(例)	30秒投篮(例)	行进间传接球(例)		
张三	10	6	4	5	15	25	70	80	75	75	53	78
李四												

2. 综合得分达"及格"以上则可获得1个学分。

3. 关于补考:一个模块学习有一次补考机会,由体育教师根据终结性评价测试项目情况进行补测。

> 下雨了,学生不能到室外参加运动怎么办?带着这样的思考,我带领大家研究如何在室内进行运动,放松身心……

室内课间操——体育锻炼的又一亮点

针对江南雨季较长以及学校场地小不能满足学生课间操活动的需要的问题,体育组老师进行了实践与探索,创编了第一套室内课间操,并在校园内试行和实践。

课间操不仅可以培养学生经常参加体育锻炼的良好习惯,而且可以使学生在处于长期的坐姿学习状态后,身体各部分得到舒展和活动,促进血液循环,使大脑得到较多血和氧的供应,消除局部疲劳。同时,通过做课间操能使思维的左半脑得到积极休息,达到保护脑力、调节精神、提高学习效率的目的。此外,课间操还有利于消除因连续学习用眼时间长而产生的眼疲劳,使眼得到适当休息,对视距进行调整,这对青少年来讲是尤为重要的。

组织学生做课间操是学校体育活动的重要组成部分,是实施《学校体育工作条例》的重要措施,更是贯彻落实"健康第一"指导思想的重要手段。然而,江南雨季较长,如何解决在雨季开展课间操活动就成了摆在所有学校体育工作者面前的一大难题。因此,能否在教室内完成课间操成了我校全体体育工作者长期研究和实践的重要课题。苏州十中作为全国群众体育先进单位、江苏省贯彻体育工作条例先进单位、苏州市群众体育先进单位,有责任也有义务来思考并解决这一难题。

两年多的室内操实践证明,室内操是适合在雨季和冬季开展的有效可行的体育活动项目之一,能起到与室外课间操相同的作用。然而,在实践过程中,我们发现第一套室内操在形式和内容上有待改进。今年11月,课题组组织力量对第一套室内操进行了改编。12月15日,苏州十中第二套室内操已在全校范围内实施,并正在进一步探索、研究其推广实践价值,以期望能为每个学生的健康发展做出一定的贡献。

自编室内操

第一节 热身运动(4×8拍)

预备:直立

预备　　　　　　　1

[一] 1~2　两手叉腰,同时两腿屈伸一次

　　 3~4　同1~2

　　 5　　左脚尖前点地

　　 6　　脚还原

　　 7　　左脚尖左侧点

　　 8　　还原成直立两手叉腰

[二] 同[一],方向相反

5　　　　　　　　1

[三][四]同[一][二]

第二节　头部运动（8×8拍）

[一] 1　左脚左跨一步成半蹲,同时两手叉腰头后屈
　　 2　还原成开立,两手叉腰
　　 3　两腿成半蹲头前屈
　　 4　同2
　　 5~7　头由左向右绕环一周
　　 8　左脚收回成直立,两手叉腰

　　　1　　　　2、4　　　　3　　　　5~7

[二] 同[一],方向相反

　　　1、2　　　3、4　　　　5　　　　7

[三] 1~2　两膝屈伸一次,两手左上方交替向外绕环
　　 3~4　同1、2,方向相反（4成直立双手叉腰）
　　 5　头左转
　　 6　还原
　　 7~8　同5、6,方向相反

[四] 同[三]方向相反

[五]—[八] 同[一]—[四]

第三节 肩部运动(4×8拍)

[一] 1　左脚向侧一步,左肩上提
　　2　右脚并于左脚,屈膝,左肩还原
　　3~4　同1~2,方向相反
　　5　左脚向侧一步,双肩上提
　　6　同2,两肩还原
　　7~8　同5~6,方向相反

　　　1　　　　　2　　　　　3　　　　　5

[二] 同[一],肩部动作由上提改为后绕环

[三][四] 同[一][二]

第四节 上肢运动(8×8拍)

[一] 1　原地踏步,左臂前屈,手指触肩
　　2　左臂上举,掌心向前
　　3　同1
　　4　左臂还原
　　5~8　同1~4,动作相反

　　1、3　　　　　　2　　　　　　　4

[二] 1　两臂前屈,手指触肩

2 两臂交叉上举,掌心向前,五指分开
3 同1
4 两臂还原
5~8 同1~4

1、3　　　　2　　　　4

[三][四]同[一][二]
[五]~[八]同[一]~[四]

第五节　扩胸运动(4×8拍)

[一] 1 左出一步,屈膝成半蹲,同时两臂经前到侧屈,后振一次,掌心向前
2 两臂再后振一次
3 左腿收,两臂至胸前上屈
4 两臂前收一次
5 左手扶桌上
6 右手扶桌上
7 体前屈
8 还原

1、2　　　　3、4　　　　5

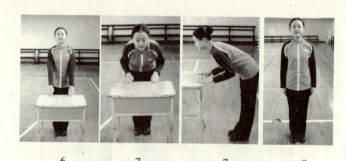

　　　　6　　　　　　7　　　　　　7　　　　　　8

[二]同[一],方向相反

[三][四]同[一][二]

第六节　体转运动(4×8拍)

[一]　1　左脚向侧一步,上体左转,两臂体前屈

　　　2　上体右转180°,两手交叉搭肩,肘关节抬平

　　　3　上体左转90°至起始位,两臂侧屈,手指触肩

　　　4　还原成直立

　　5~8　同1~4,方向相反

　　　　1　　　　　　2　　　　　　3

[二]~[四]同[一]

第七节　全身运动(8×8拍)

[一]　1　左脚跟前点,两手胸前击掌

　　　2　左脚收回,两臂胸前平屈后振

　　3~4　同1~2,方向相反

　　　5　并腿屈膝,两手胸前击掌

　　　6　两腿还原成直立,两手触髋

　　7~8　同5~6

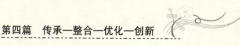

[一] 1、3　　　2、4　　　　5　　　　　6

[二] 1~2　左出一步成左弓步,两手左上方击掌两次

3~4　还原

5~8　同1~4,方向相反

[二]1、2　　　5、6　　　[三]1~4　　　5~8

[三] 1~4　脚跟、脚尖、脚跟、脚尖依次向侧移动,两臂胸前平屈,下上下上摆动。

5~8　原路返还

[四]同[三]

[五]~[八]同[一]~[四]

第八节　整理运动　（4×8拍）

[一] 1　左臂侧屈,掌心向上

2　左手顺时针绕至侧上举

3~4　同1、2,方向相反

5~6　两臂头上直臂交叉两次

7　两臂下拉成胸前屈,拳心向里

8　还原

操场悟语

[二]~[四]同[一]

注：以上示范者为苏州市振华中学校吴依华老师

学生活动照：

> 提高学生身体素质的方法有哪些?在现有的条件下什么方法是最有效的?带着家长的这些问题,我应邀在《苏州日报》教育版开辟了这个专栏。

身体素质课课练

身体素质的训练能使学生身体得到全面发展,有效地提高身体机能能力,改善身体形态,增进健康,增强体质。经常进行身体素质的练习,还有利于学生掌握各项基本技能和基本技术,有利于培养学生坚毅、顽强的意志品质,提高学生独立锻炼身体的能力和养成经常进行体育锻炼的习惯,也有利于教师全面完成中学阶段体育教学的任务。

一、力量素质的训练

力量素质除了本身具有的特点外,还是其他素质发展的基础。对中学生而言,有针对性地、有选择地发展力量素质,能起到事半功倍的效果。以下介绍的简单方法,不受场地、天气、器材等的影响,学生可以根据自身情况选择适合自己的项目进行练习。

(一)跪地俯卧撑

图1-1

图1-2

方法:跪撑,连续做两臂快速屈伸动作(图1-1、图1-2)。10～15次×3～4组,组间间歇45秒～1分钟,休息时放松两臂。此动作适用于上肢力量较弱的人。

(二)手撑高位俯卧撑

图1-3　　　　　　　　　　　　　图1-4

方法:两脚并拢,身体俯卧,两手支撑点高于脚,连续做臂屈伸动作,10～15次×3～4组,组间间歇45秒～1分钟,休息时放松两臂。支撑物质的高度,可随着上肢力量的增大逐渐降低。(图1-3、图1-4)

(三)俯卧撑

图1-5　　　　　　　　　　　　　图1-6

方法:俯撑,两脚并拢,两手稍宽于肩,连续做臂屈伸动作,8～20次×3～4组,组间间歇1分钟～1分30秒,休息时放松两臂(图1-5、图1-6)。做此练习也可采用两手撑地时指尖相对做臂屈伸动作或采用两手快速用力伸臂,使手离地做击掌动作。

(四)仰卧起坐

方法:双手交叉贴于脑后,两腿并拢屈膝成90度,仰卧于垫上,同伴压住踝关节处,收腹起坐时双肘触膝,仰卧时双肩胛触垫。1分钟30～45个×1～2组,组间间歇2～3分钟,休息时放松腰腹。(图1-7、图1-8)

图 1-7　　　　　　　　　　　图 1-8

（五）悬垂举腿

图 1-9　　　　　　　　　　　图 1-10

方法：双手正握单杠或肋木，从悬垂开始，收腹举腿，连续做，5~10 次 ×3~4 组。组间间歇 1~2 分钟，休息时放松手臂（图 1-9）。腹肌力量较弱的学生可先采用屈膝举腿，逐步过渡到直腿举腿（图 1-10）。

（六）俯卧抬上体

图 1-11　　　　　　　　　　图 1-12

方法：俯卧垫上，同伴帮助压住双脚，练习者双手抱头，上体尽力后仰抬头，15~20 次 ×3~4 组，组间间歇 30 秒 ~1 分钟，休息时放松腰背。（图 1-11、图 1-12）

（七）连续单脚跳

方法：单脚支撑，屈膝用力蹬地向前上方跳跃，落地时全脚掌着地，屈膝缓冲，摆动腿和手臂协调配合。30～50米×3～4组，组间间歇1分钟～1分30秒。（图1-13）

图1-13

（八）斜身引体

方法：两手正握低单杠，两臂与躯干成90度，身体斜下垂，屈臂引体至下颌触及横杠为完成一次，每次练习25～35次×3～5组。组间间歇1～2分钟，休息时放松上臂。（图1-14、图1-15）

图1-14

图1-15

（九）在横梯上移行

两手握横梯，依次向前移行3～4米×2～3组。组间间歇1分钟左右，休息时放松上臂。（图1-16）

图1-16

图1-17

（十）弓步交换跳

两腿前后开立成弓步，跳时两腿同时用力蹬地，跳起后在空中换步，10~15次×2~3组。组间间歇30秒~1分钟，休息时放松两腿。（图1-17）

二、速度素质的训练

速度素质是指人体进行快速运动的能力，即在单位时间内迅速完成某一动作或通过某一距离的能力。速度素质对人体具有较大的影响，可以提高大脑皮层兴奋，抑制过程转换的灵活性和中枢神经系统的协调性，能更快地动员呼吸、循环系统的能力。

中学生身体发育日趋成熟，逐渐接近成人，已经具备发展各种速度素质的条件，因而可以在教师的指导下，进行较大负荷的速度素质练习。以下几种练习方法可作参考。

（一）后蹬跑结合加速跑

方法（1）：弓剪步走20~25米。

要求：当身体重心移过支撑点垂直面后，再用力蹬地。2~3组，组间间歇1分钟~1分30秒。（图2-1）

方法（2）：后蹬跑，30~50米×3组；或后蹬跑（20米）接加速跑30~50米×3~5组，组间间歇1~2分钟。

图2-1

要求：后蹬跑逐渐减少后蹬蹬直的程度，自然过渡到加速跑。

（二）行进间跑

方法：30米行进间跑×6组，组间间歇1~2分钟。

要求：小步、快频率。

（三）原地高抬腿跑

方法：10秒计时，3~4组，可多人同时，组间间歇1~2分钟。（图2-2）

要求：半高抬、快频率。

图 2-2　　　　　　　　图 2-3

（四）快速跳台阶

方法：在高 20~40 厘米的台阶上，两腿用力蹬地，快速交替跳起，20~30 次 ×3~5 组，组间间歇 1~2 分钟。（图 2-3）

要求：整个脚掌踩在台阶上，重心高。

（五）10 级跨步跳

方法：10 级跨步跳 ×3~5 组。组间间歇 2 分钟~2 分 30 秒。

要求：两腿用力蹬摆，膝盖向前上方抬，尽力拉大步幅。

（六）跳绳

方法：

（1）10 秒快速跳短绳 ×6~8 组，组间间歇 30 秒~1 分钟；

（2）30 秒快速跳短绳 ×4~6 组，组间间歇 30 秒~1 分钟；

（3）1 分钟快速跳短绳 ×2~4 组，组间间歇 1 分 30 秒~2 分钟。

要求：10 秒能跳 30 次以上；30 秒能跳 80 次以上；1 分钟能跳 150 次以上。（图 2-4）

图 2-4

三、柔韧素质的训练

柔韧性是指关节活动的范围及肌肉、韧带等软组织的伸展性和弹性。柔韧性好能大幅度、高质量地完成动作,能防止肌肉、韧带等软组织拉伤,还有利于速度、灵敏素质的发展。本节所选柔韧性练习简单易行,适合中学生练习。

（一）纵叉、横叉

图3-1

图3-2

方法:(1)手扶单杠或桌面向后、向侧踢腿左右各10~15次。(图3-1、图3-2)

要求:抬头、挺胸、塌腰。

(2)手拉低单杠或手撑地做纵叉、横叉练习各8~10次。(图3-3、图3-4)

要求:动作要缓慢,幅度由小到大,至最大开度时停顿6~8秒。

图3-3

图3-4

（二）坐位体前屈

方法:坐在垫子或床上,两腿伸直并拢,上体尽量往前伸,手碰到脚,

练习3~5次。(图3-5)

要求:动作要缓慢,手至最远点时停顿3~5秒。

图3-5

图3-6

(三)跪坐压腿

方法:在草地上或垫子上双膝跪下,身体慢慢向后仰,至最大幅度停留10~15秒,练习3~5次。(图3-6)

要求:动作要缓慢,起来时可借助外界力量。

(四)体侧屈

方法:直立,上体向侧、前后振动各10~15次。(图3-7、图3-8)

要求:动作幅度由小到大,两腿不要弯曲。

图3-7

图3-8

(五)各种方式摆腿、踢腿

方法:单手或双手扶杠或墙,两腿依次练习正踢腿、后踢腿、侧摆腿等动作,10~15次×2~3组。(图3-9、图3-10)

要求:幅度由小到大。

图 3-9

图 3-10

图 3-11

图 3-12

（六）俯撑体屈伸

方法：俯撑，做体屈伸动作，身体伸展至最大限度时停留 3~5 秒，8~10 次 ×4 组。（图 3-11、3-12）

要求：可根据手臂力量调整时间和幅度。

（七）持棍转肩

方法：双手正握棍，先向后，再向前做转肩运动。幅度由小到大，10~15 次 ×2 组。（图 3-13）

要求：两手握距先宽后窄，避免拉伤。

图 3-13

图 3-14

（八）压肩

方法：两手正握低单杠或双人互握肩，屈体、挺胸、收腹、踢腰，有节奏地向下用力振动。20~30 次 ×2~4 组。（图3-14）

要求：手臂伸直。

四、耐力素质的训练

耐力素质是指人体长时间进行肌肉活动时克服疲劳的能力。它是人体的一项基本能力。耐力素质练习不仅可以提高有氧代谢能力，保持应有的体力以对抗各种可能发生的意外，而且也是培养学生意志品质和吃苦耐劳精神的过程。

（一）跳绳

方法：2~3 分钟单跳，平均 1 分钟跳 80~100 次，2~3 组。

要求：速度均匀，注意呼吸。

（二）自然地形跑或越野跑

方法：选择较安全的路段进行有氧慢跑 12~30 分钟，平均心率控制在 130~150 次/分钟。

要求：速度均匀，注意安全。

（三）定时跑

方法：9~12 分钟定时跑，平均心率控制在 130~150 次/分钟。

要求：可选择与同伴一起，根据自己的能力控制速度。

（四）90 次台阶练习

方法：两腿依次交换踩上台阶再依次还原为一次，90 次为一组，做 1~2 组。（图4-1、图4-2、图4-3、图4-4）

图 4-1

图 4-2

图 4-3　　　　　　　　　图 4-4

要求：两腿同时在台阶上时膝关节伸直，节奏不变。

（五）有氧操练习

方法：随音乐节奏持续跳操 20～30 分钟，节奏适中。

要求：平均心率控制在 130 次/分钟为宜。（图 4-5）

图 4-5

（六）变速跑

方法：在操场上快慢交替、变化速度地跑进 12～20 分钟。

要求：逐渐掌握跑的节奏，控制好呼吸。

五、灵敏素质的训练

灵敏素质是指在各种复杂的条件下，快速、协调、准确、灵活地完成动作的能力。灵敏素质好，不仅有利于学习和掌握各项运动技能，缩短学习过程，而且有助于发展反应、起动、急停、变换方向的速度和爆发力的协调等学习和生活技能。本节所选灵敏素质练习内容可个人进行，也可结伴进行。

（一）花样跳绳

方法：根据不同要求进行各种各样的花样跳。如：前后交叉跳绳，各 80～100 次×2～3 组；单跳双摇，5～10 次×4～6 组；跳绳中速跑，30 米×2～3 次。

要求：反应快，动作协调。

(二) 变向跑

方法:利用自然地形或球场线进行蛇形跑、迷宫跑、环形跑等。

要求:可变换多种形式。

(三) 跑"∞"字

方法:在相距 2 米的两端各设一个障碍物,要求学生快速绕过障碍物,进行跑"∞"字练习,8~10 次×4~6 组。

要求:身体反应要灵活,重心向内倾斜。

(四) 滚球追逐跑 30~50 米

方法:先把球以适宜的速度向前滚,至 10 米左右时追跑×3~4 组。

要求:注意安全。

(五) 躲闪跑("贴烧饼")

方法:

(1) 分成两人一组的若干小组,指定追击者和被追击者,在规定的区域内练习。

(2) 被追击的学生只要站到某一同学的前面,原来位置的同学就成为新的被追击者。5~6 分钟×2 次。

要求:被追击的同学要灵活,充分运用假动作等技巧,不被对方追拍到。

(六) 游戏("老狼老狼几点钟?")

方法:几人一组,一人做"老狼",背对大家,其他游戏者不断问"老狼老狼几点钟?"当老狼回答"12 点钟"时,突然转身反抓其他人,而其他人尽量快逃,不被老狼抓住。

注:以上示范者为苏州市振华中学校莫的丽老师

> 校园冬季长跑是学生活动的一道亮丽风景,如何让冬季课间长跑有序有效,我曾对此有过研究……

对初中生冬季课间长跑管理模式的探讨

初中学生在身心发展上正是少年期,心理发展水平处于初级阶段,这是一个半幼稚半成熟的时期,是独立性和依赖性、自觉性和幼稚性相互交织、充满矛盾的时期,是个体社会化的关键时期。因此,对体育工作者来讲,采取任何一种教学形式都必须考虑到对中学生身心的正面影响。冬季课间长跑是寒冬来临时开展的一项课间活动,传统的方式是体育教师、班主任或体育委员整好队后带领队伍绕场跑步,跑完一定量后停止,讲评结束。对于整个队伍的节奏、快慢以及学生是否主动积极,是否喜爱,一般未进行深入研究,从而出现了如学生讲话、厌跑等不好现象。为了改变这种现状,我们尝试了"方队管理"的方法,旨在为提高初中生冬季课间长跑管理质量与效率提供有益的探索。

一、研究对象

此处选取所任教学校初一年级 16 个班学生。根据场地自然分区,随机抽取 8 个班为实验组,8 个班为对照组。

二、研究方法

(一)文献资料法

参阅了有关中学冬季课间长跑管理的文献,进行相关的分析和逻辑推理。

(二)对照实验法

1. 对照组按常规跑步;

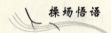

2. 实验组采用"方队管理",即:

(1)各班学生排成方队,跑速均匀,步伐一致,由值日体育委员带领大家高喊自创口号;

(2)教师在喇叭里尽量用语言激励学生,模拟军队操练氛围;

(3)一定量后,各班轮流值日的体育委员组织大家放松,放松内容自创。

(三)观察与调查法

现场记录两组学生的外在表现,并利用课后或理论课时间随机对样本进行有关问题的调查。

(四)测量法

现场随机对学生的安静脉搏、课间跑结束后即刻脉搏及恢复5分钟后脉搏进行测量。

(五)数理统计法

对实验中所获得的数据进行相关的数理统计,所有实验数据的统计均在计算机上完成。

三、实验结果

1. 观察并记录每天学生跑步情况,整体比较两组学生的外在表现(见表1)。

表1 学生跑步观察记录表

	实验组	常规组
讲话人数	无	有
跑速	均匀	时而快跑时而走
精神面貌	队伍整齐、情绪高昂	队伍松散、消极被动

2. 利用课后或理论课时随机对两组各50名学生进行调查(见表2)。

表2 调查反馈信息结果

	实验组	对照组
喜爱者(%)	90%	50%
是否疲劳	否	有
是否影响下一节课	否	时有时无

3. 各组现场随机抽查 10 名学生,对学生安静时脉搏、课间跑完后即刻脉搏及恢复 5 分钟后脉搏进行测量,并对两组学生的脉搏值进行 t 检验(见表3)。

表3　各组 10 名学生脉搏值比较及检验

	实验组	对照组	t	p
安静心率	15.8±2.35	15.3±2.16	0.50	>0.05
课间跑完后即刻	19.2±3.01	22.4±3.41	2.22	<0.05
恢复5分钟后	16.0±2.16	19.8±2.82	3.38	<0.01

四、分析讨论

1. 从表1可以看出,通过模拟军事化的方阵管理,学生队伍整齐,跑速均匀,体现了学生们的朝气和良好的精神面貌。在跑进过程中,每个学生充分得到了情感体验,感觉到了自我的存在。这一方面增强了这一代独生子女的团队意识、集体主义精神;另一方面通过方队管理,从正面约束了学生,培养了学生良好的组织性、纪律性,这也是目前素质教育的需要。

2. 从表2可以看出,通过对各组 50 名学生的随机抽查,学生更喜爱方队管理的模式,学生认为这样比较有趣、带劲,比枯燥的随意跑步有意义。由于初中生思维的独立性和批判性有了显著的发展,对一些现象已能做出一定的判断,对他们来讲,跑步中加点"色彩"能愉快身心,不易疲劳。

3. 从表3可看出,实验组和对照组比较,安静心率两组无明显差异($p>0.05$),但课间跑后和恢复 5 分钟后,两组学生脉搏值呈明显差异($p<0.05,p<0.01$)。这表明由于实验组采用匀速跑进,学生心率值比较适中,恢复也较快。这一方面符合学生的身心特点,有利于发展学生的有氧代谢能力;另一方面也符合学校的特点,不会因为课间跑而影响下一堂文化课的学习。而对照组的学生在跑的过程中,一会儿走,一会儿冲刺,达不到实验组的效果。

4. 每天都轮流替换值日体育委员这一做法,一方面培养了学生的能力,另一方面提高了学生的竞争意识,这也是我们素质教育的一个方面。

五、结论

1. 在中学课间跑中采用"方队管理"的效果较好,一方面增强了学生的团队意识,另一方面培养了学生的组织性、纪律性。

2. 充分体现了"健康第一"的指导思想,愉悦了学生的身心,既符合学生身心特点,又符合学校特点。此外,学生通过情感的体验,感觉到了自我,从而由被动变主动,提高了积极性。

3. 课间跑"方队管理"的模式,具有一定的实用价值,相信对其他方面的教学管理也有一定的借鉴作用。

> 组织开展形式多样的小型体育竞赛活动能培养学生吃苦耐劳、遵纪守法、积极进取、合作共赢、遵循规律的品质,追求坦荡开放、光明磊落的道德主流。为此,我在校运动会、课外活动竞赛中进行了改变与创新,倡导以赛促练、人人参与,大大提高了学生体育运动的参与率。

以竞赛促活动,以活动促健康

——中学各类竞赛活动案例

好胜心强、喜欢刺激、精力充沛是中学生的一大特点。如何用主流的文化引领学生健康成长,激发学生的学习和生活热情?体育活动是最佳选择之一。

"以竞赛促活动,以活动促健康"是指通过有计划有组织的课外竞赛计划,使学校一年四季都有小型群体竞赛系列活动,并形成学校的特色和常规制度,从而提高学生的活动参与率,促进学生的身心健康。具体可通过改造校运动会,组织学校或年级小型体育竞赛,开展排球、篮球、拔河、长跑、跳绳、踢毽等活动,以丰富学生在校生活,培养学生终身体育的习惯。以下列举的活动案例充分考虑到了活动的学生参与率、活动的可操作性、活动的可延续性,有一定的实用价值。

案例一:校运动会竞赛规程(初中)

一、竞赛时间及地点

时间:9月29、30日

地点:学校田径场

二、竞赛办法

按年级分男、女生组

三、竞赛项目

（一）单项

径赛:100米、200米、800米、4×100米接力

田赛:跳高、跳远、实心球、立定跳远

（二）集体项目

1. 迎面接力跑比赛

方法:(1) 各年级各班男、女各10人组成男女生混合队；

(2) 男生、女生分别站在场地两端,由女生起跑开始,在自己道内跑到对面将棒传给男生,以此往返,直至跑完,以时间短者为胜。

2. "齐心合力"跳长绳比赛

方法:(1) 各年级各班男、女各5人组成男女生混合队；

(2) 其中2人摇绳,其余8人同步跳绳,队形不限,时间为2分钟,成功次数多者为胜,成功次数相等以失败次数少者为胜。

四、参赛办法

1. 以班级为单位参赛,以年级为单位计算名次。参加单项赛者,不影响参加集体项目(包括4×100米)。

2. 每名运动员可报两个单项(接力除外),每个单项每班可报2名运动员(跳高限报1名运动员)。

3. 报名表男、女各一式两份。一份送至体育教师处作报名用(需班主任签字),另一份班级留底自查。报名截至9月16日(星期三)。(报名截止日期不得更改)

4. 初二、初三年级每班选派1名不参加运动会竞赛的同学担任大会裁判工作。请选派认真负责、能吃苦的学生做裁判工作。(裁判培训另行通知)

5. 如遇下雨,运动会延期举行,按当天课表上课,希全校师生注意学校通知。

6. 比赛期间请运动员提前进行适当的热身活动,并准时进行检录报到,径赛(所有跑步项目)在篮球场边检录处报到,田赛(非跑步类项目)直接在比赛点报到,过时视弃权处理。

五、竞赛计算办法

1. 各单项按最新田径竞赛规则进行;集体项目按本规程方法进行。

2. 径赛项目100米、200米将进行预赛和决赛。其余径赛项目直接进行分组决赛。

3. 各年级各项比赛取前十二名,按13,11,10,9,8,7,6,5,4,3,2,1计分。集体项目双倍计分。

4. 破学校记录加5分,破年级记录加3分。

六、团体名次及奖励

1. 团体名次按班级男、女运动员在各单项比赛和集体项目比赛的得分总和计算,得分多者名次列前,如得分相等则以集体项目名次优者列前。

2. 年级团体名次录取办法:各年级取前八名,由学校发给奖状。

3. 各单项获得名次者发给物质奖,凡破学校记录者另按破纪录奖办法发奖。

4. 为严肃大会纪律,报名截止后至比赛当日不得更改参赛运动员,因各种因素无法比赛的视弃权处理,如发现冒名顶替者则取消该班级团体总分,并通报批评。

5. 本规程未尽事宜,另行通知。

校体育节组委会
9月12日

案例二:学生阳光体育冬季长跑活动方案(高中)

为进一步贯彻落实中共中央、国务院7号文件《关于加强青少年体育增强青少年体质的意见》精神,积极呼应教育部、国家体育总局、共青团中央于今年9月22日共同下发的《关于开展全国亿万学生阳光体育冬季长跑活动的通知》的号召,学校决定于10月26日开始继续组织学生开展长跑活动,具体方案如下:

一、成立领导小组

由校长室、德育处、年级部、总务处、工会、团委、班主任、体育组、医务室等相关成员组成。

二、长跑时间、距离分配

除课堂教学长跑内容外,利用上午和下午的大课间进行。上午和下午各1000米。

三、课间长跑路线安排

- 高一:田径场跑道4圈。成六路纵队,女左男右,矮前高后,按序跑进。
- 高二:篮球场及体育馆3圈。成四路纵队,女前男后,矮前高后,按序跑进。
- 高三:校园主干道路3圈。成六路纵队,女前男后,矮前高后,按序跑进。

四、长跑活动要求

1. 课间操课铃一响,班长(或体育委员)举好班牌,组织同学迅速成一路纵队(女前男后),安静、有序地快步进入操场指定地点按指定队形集合,在行进过程中做到队列整齐,保持安静,并迅速整理服装。

2. 听到"跑步"预令时,两手迅速握拳(四指蜷握,拇指贴在食指第一节和中指第二节上),提到腰际约与腰带同高,拳心向内,肘部稍向里合,上体微向前倾,两腿微弯。听到"走"的动令后,左脚利用右脚掌的蹬力跃出约85厘米,前脚掌先着地,身体重心前移,右脚照此法动作行进。上体保持正直,两臂前后自然摆动,跑进过程中注意呼吸,随音乐节奏匀速跑进,中途不得快跑或慢走。各班班长要注意与前一个班级保持距离。

3. 课间跑步结束,各班班长按要求有序回到班级,不得中途解散。

4. 课间跑步将作为"五项评比"内容之一,并将作为学期结束文明班级评比的重要依据。

校长室、体育组
10月20日

案例三:学生阳光体育冬季长跑活动方案(初中)

为进一步贯彻落实中共中央、国务院7号文件《关于加强青少年体育增强青少年体质的意见》精神,积极响应教育部、国家体育总局、共青团中央组织开展的"第三届全国亿万学生阳光体育冬季长跑活动"号召,我校决定于10月26日开始继续组织学生开展长跑活动,总时间为今年11月至明年3月。

具体方法和内容如下：

一、成立领导小组

由校长室、德育处、年级部、教学处、总务处、工会、团委、少先队、班主任、体育组、医务室等相关成员组成。

二、长跑时间、距离分配

除课堂教学安排长跑内容外，利用大课间进行1000~1500米的长跑练习（文件规定初中生为每日1500米）。此外，利用年级课外活动进行长跑锻炼。

三、课间长跑路线安排

1. 初一（16个班）：田径场内三道跑道3~5圈。成六路纵队，女左男右，矮前高后，按序跑进。

2. 初二（16个班）：田径场外三道跑道3~5圈。成六路纵队，女左男右，矮前高后，按序跑进。

3. 初三（16个班）：沿校园主干道3~5圈。成六路纵队，女左男右，矮前高后，按序跑进。

四、长跑活动要求

1. 课间操课铃一响，班长（或体育委员）举好班牌，组织同学迅速成一路纵队（女前男后），安静、有序地快步进入操场等指定地点按指定队形集合，在行进过程中做到队列整齐，保持安静，并迅速整理服装。

2. 跑步集合声为5分钟进行曲，集合音乐暂停未到位的班级视为迟到（请第一课的老师和收作业的同学积极配合）；操场上由体育教师用20秒时间整队并统一发令跑步。听到"跑步"音乐时，两手迅速握拳（四指蜷握，拇指贴在食指第一节和中指第二节上），提到腰际约与腰带同高，拳心向内，肘部稍向里合，上体微向前倾，两腿微弯。听到"走"的动令后，左脚利用右脚掌的蹬力跃出约85厘米，前脚掌先着地，身体重心前移，右脚照此法动作行进。上体保持正直，两臂前后自然摆动，行进速度每分钟170~180步。跑进过程中注意呼吸，随音乐节奏匀速跑进，中途不得快跑或慢走。各班班长要注意与前一个班级保持距离。

3. 课间跑步结束，各班班长按要求有序回到班级，不得中途解散。

4. 课间跑步由体育老师、年级部主任、学生评分员评分,作为"常规评比"内容之一,并作为学期结束文明班级评比的重要依据。

5. 初二、初三同学的出勤表现还将计入体育中考平时成绩中,占5分。

五、评分要求

1. 总分采用10分制,每周平均分计入"五项评比"中。

2. 由体育教师、值日学生打分,年级部主任督察审核每天的跑步出勤状况、表现及分数。

基础分如下:

- 准时到位(集合音乐结束已全班安静等待)的,起评分9分。
- 全班到达但未安静整队或人员不齐(缺席多于4人,约10%)的,起评分8分。
- 全班迟到的,起评分7分(如已经开跑,则在集体跑完后单独练习)。
- 无故缺席的,在集合乐响之前没有接到班主任请假手续而缺席的,计5分。
- 连续两天锻炼日无故缺席长跑的,两日分数均为0分。

加分因素:

学生服装统一	+0.1	
跑步节奏、速度适中,队形整齐	每圈+0.1	
班主任全程带跑	+0.1	
队伍精神饱满,口令响亮	视情况+0.1	
队伍进退场有序整齐	+0.1	
各年级第一个集合到位	视情况+0.1	

扣分因素:

跑步前队伍嘈杂、混乱	-0.1至0.2	
队形严重不整齐	每圈-0.1或-0.2	
中途擅自离队(包括系鞋带)	每人每圈-0.1	
途中有急速跑或走的现象	每圈-0.2	
未带班牌	-0.2	
无故未完成当日里程	-0.2	并通报批评
出现事故者	-0.2	并通报批评

注：以上评分因素还会视跑步情况进行调整，初一年级各班及初二、初三个别情况较差的班级将在体育课上由体育教师进行辅导。

校长室、德育处、体育组
11月9日

案例四：冬季跳绳、踢毽比赛规程

一、比赛时间

12月份中旬体育年级课

二、比赛地点

篮球场或体育馆

三、参加单位

初一至初三年级各班级

四、竞赛项目

(1) 2分钟跳短绳

(2) 3分钟跳长绳

(3) 3分钟踢毽子

五、竞赛办法

1. 跳短绳

比赛时间：各组均为两分钟。在规定时间和1.5米半径的圈内进行。短绳跳法为"双飞"，即自双脚后沿身体额状轴720°为一个周期，成绩计算为一个，如未完成则计算一次失败。

2. 跳长绳

比赛时间：各组均为三分钟。12名队员（其中2人摇绳）中10名队员依次按8字线连贯跳，不能钻越，绳子摇摆中断或绳子停在两脚之间为失误，中途失误可继续比赛。摇绳学生必须在听到摇绳信号后才能摇绳，比赛中摇绳者不能更换，但可换手。摇绳者站位距离为3米，摇绳者踏线为犯规，取消成绩。

3. 三分钟盘踢（毽）

参赛者用左右脚内侧交替盘踢，可任意一脚先踢。比赛开始后，毽落

地为一次失败,但可继续试踢。任意一脚连续触毽两次为失误(不计数),接左、右脚各踢一次毽算一次成功。踢毽高度不得低于腰部,否则作失误处理。

4. 个人名次计算方法

在规定时间内跳短绳、跳长绳、踢毽,均按试跳的次数和踢的次数多少排列名次,次数相等则以失败次数少者列前,如再相等,则以其中一次的试跳试踢次数最优者名列前。

5. 团体名次计算方法

①短绳、踢毽均按男、女试跳试踢次数之和计算。②长绳按3分钟试跳的累计次数多少计算。③三个项目均以次数多者名次列前。

六、参赛方法

1. 跳短绳、踢毽比赛各班可报男、女各5人(可兼报),每班每个单项报名不足5人则不计团体成绩,只计个人名次。

2. 跳长绳,各班可报男、女各1队,每队12名队员(其中2人摇绳)。

七、报名时间

11月26日下午5时截止,报名单交体育任课教师。

八、奖励办法

1. 团体名次:各年级取前10名。

2. 个人名次:各年级男、女各取前25名。

九、说明

报名比赛情况将作为评选文明班级依据。

十、要求

各班应在认真开展活动的基础上选拔运动员组成班队参加比赛。

体卫艺、体育组
11月5日

案例五:"队列和民族传统体育——少年拳"年级竞赛活动通知

各位班主任、各位同学:

为弘扬民族传统体育文化,丰富学生在校生活,更为了凝聚班级力

量,展示班级风采,经研究决定,初二年级部决定举办"队列和民族传统体育——少年拳"的比赛,具体要求如下:

一、时间与地点

4月2日下午班会课在体育馆举行

二、参赛单位

初二年级各班,以班级和个人为单位进行比赛

三、参赛内容与办法

(一)团体比赛(班级为单位,全体参与)

1. 队列

● 整队、报数、立正、稍息

● 停止间转法:向右转、向左转、向后转(每个动作口令2次,前后顺序自定)

● 齐步走——立定练习(至少2遍)

由体育委员或班长(或其他学生)喊口令。

2. 民族传统体育——少年拳

各班成四列横队,跟随音乐完整练习2遍

(二)个人擂台赛

每班选5人(男女均可),进行"民族传统体育——少年拳"的比赛。

四、评分规则与奖励办法

(一)团体赛

两项总分为100分,其中队列占40分,少年拳占60分。

1. 队列(40分)

进退场有序	服装整齐	动作整齐、规范	精神饱满	总分
10分	10分	10分	10分	40分

2. 少年拳

动作熟练	动作整齐	动作有力	动作规范	精神饱满	武术气韵	总分
10分	10分	10分	10分	10分	10分	60分

比赛评出团体一等奖1名,二等奖2名,三等奖2名,颁发奖状。

(二)个人擂台赛

评出个人一等奖3名,二等奖5名,三等奖10名,颁发奖状与奖品。(获一等奖的学生学期武术考试记满分100分,获二等奖的同学学期武术考试记95分,获三等奖的同学学期武术考试记90分)

评委:由校领导、年级部主任、体育老师担任。

年级部、体育组
3月24日

附:民族传统体育——自编少年拳

1. 上步抱拳礼——还原　左脚上前一步,右脚并上,左手掌右手拳。还原时右脚退左脚跟上。

2. 起势　双手成掌经侧到上再下按,眼随右手走。下按时平视前方。

3. 并步抱拳　双拳抱于腰间,同时甩头向左看。

4. 搂手弓步冲拳　左脚向左侧跨一步成左弓步,左手搂手收于腰间,右手冲拳。

5. 弹腿冲拳　弹右脚冲左拳。

6. 马步横打　右脚向前落地成马步,右拳横打。

7. 抡臂砸拳　右拳收于腰间,身体右转,左手成掌经下、前、上、下,右拳自上向下砸,右拳背与左掌心相击,同时右脚并至左脚成半蹲。

8. 弓步撑掌　跳起成左弓步,同时双掌向外撑开。

9. 正踢腿　左脚支撑右脚直腿勾脚尖向前上方踢腿。

10. 马步推掌　右脚向前落地成马步,右手向侧推掌。

11. 插步双摆掌　右脚后插,双手掌经上一起摆至左侧。

12. 翻身仆步轮拍　左手经下至侧,双手成侧平举逆时针方向转动480度,成左仆步,同时右掌击地。

13. 弓步上冲拳　左手掌立掌于右胸前,右拳经腰间上冲,同时成右弓步。

14. 抡臂砸拳　同7。

15. 马步盘肘　右脚上前一步成马步,右手盘肘于胸前。

16. 马步左冲拳

17. 马步右冲拳

18. 右弓步冲拳

19. 左弓步砸拳　右拳经上向下砸(立拳),左拳经下向后上撩,同时成左弓步。

20. 马步左冲拳

21. 丁步搂手　右脚收回成丁字步,左手收拳于腰间,右手经后、上、前、下、后成勾。

22. 并步撑掌　并步直立,双掌撑开。

23. 盖步侧踹腿　左脚向右前盖一步,双手掌体前十字交叉,右脚侧踹,同时双掌撑开。

24. 弓步推掌　右脚落地成弓步,左手推掌。

25. 后撤步歇步亮掌　右脚后撤一步成歇步,右手头上亮掌,左手勾于体后。

26. 弓步插掌　左脚后撤一步成右弓步,右手抱拳腰间,左掌前下方插掌。

27. 上步单拍脚　左脚上前一步,踢右脚,左手上举,右手背击打左掌心再击打右脚面。

28. 提膝冲拳　右脚落地,提左膝,左手立掌于胸前,右手平冲拳。

29. 仆步穿掌　左脚向左成右仆步,左掌经体前—腿—脚尖穿掌。右手拳变掌。

30. 弓步冲拳　重心前移成左弓步,冲右拳。

31. 虚步架拳　右脚后撤一步成虚步,重心在右脚,右拳架于头上,左拳架于左腿。

32. 弓步穿掌　左脚后撤成右弓步,双手经腰部向前穿掌。

33. 并步收势　右脚并至左脚,双掌经侧至上再下压,最后成立正姿势。

体育组创编
2月26日

> 参加教学竞赛是教师专业成长的重要途径。有过多次参赛经历的我深知这个道理,为了帮助青年教师成长,我组织了多种形式的教学竞赛。

以赛促学,以赛促研

——体育教师提高专业发展的竞赛案例

教学比赛是展示教师个人基本功、体现所在地区或所在学校教学理念、提炼教师教学特色、考验教师教学能力和心理素质的一个平台。只有经历了赛前的准备、赛中的心理体验和临场的锤炼,教师才会在思想上有新的认识,业务水平有新的提高。为了提高青年教师的专业能力,学校可以组织多种形式的教师基本功竞赛。

案例一:关于组织"苏州市草桥中学校音乐、体育、美术青年教师教学基本功竞赛"的通知

各音乐、体育、美术任课教师:

为贯彻省、市中长期教育改变和发展规划纲要精神,进一步提高我校青年教师专业素养,本学期将于3月底4月初举行音乐、体育、美术教师教学基本功竞赛。具体要求如下:

一、参赛对象

45岁以下,中学高级教师职称以下的所有音乐、体育、美术学科老师。

二、比赛内容与评分标准

比赛内容包括通用技能和专业技能两部分。

通用技能为教学设计和说课,权重40%,其中教学设计权重15%,说课权重25%;

专业技能均为三项,权重60%,分别为20%。

（一）音乐

技能一：演唱一首自选的独唱歌曲（不能用流行的唱法），自备伴奏带或钢琴伴奏，限时6分钟。

技能二：钢琴即兴演奏一首独奏曲，限时6分钟。

技能三：在器乐或舞蹈两项中任选一项展示。

（二）体育

技能一：体能测试(12分钟跑、1分钟仰卧起坐、50米跑)，参考《江苏省体育教师体能测试标准(试行)》。

技能二：评课（集中观看一堂体育课，在规定时间内写出500字左右的点评材料）。

技能三：个人专业技能展示（球类、田径、体操、民族传统体育等均可）。

（三）美术

技能一：在规定时间内用粉笔、钢笔书写两句诗，内容比赛前下发。共计限时30分钟。

技能二：自己选取校园一景素描，在规定的时间内上交，赛后原件返回个人。

技能三：充分准备一幅自己的作品，在规定时间内上交，赛后原件返回个人。

三、奖励办法

本次比赛设一、二、三等奖三个奖次，其中一等奖占参赛选手总数的20%，二等奖占40%，三等奖占40%。学校对获奖教师颁发证书，并作为年终考核的主要参考指标。

四、评委组成

由学校聘请校内、外相关人员。

苏州市草桥中学校校长室、教务处、教师发展中心
2012年2月27日

案例二：体育教师教学基本功竞赛评分表

苏州市草桥中学校体育教师教学基本功竞赛"教学设计"评分表

参赛选手 _____

评价项目	评 分 标 准	得分
教学目标 （20分）	1. 教学内容及重点难点分析清楚；学生学习水平表达、学习习惯和能力分析准确，切合实际。 2. 表述清晰具体，行为动词使用准确。 3. 符合课程标准要求、学科的特点和学生的实际状况，体现对学生知识、能力、思想与创造思维等方面的发展要求。	
教学过程与内容 （45分）	1. 教学过程完整，表述准确，术语规范。在整个教学过程中有设计意图的表述，能反映教学内容，有师生互动，能解决出现的问题。 2. 教学流程合理，教学过程设计层次分明，符合学生的认知规律，科学选择教学方法，重点难点把握准确，注重理论联系实际，注重教学互动，启发学生思考，培养学生分析问题、解决问题的能力。 3. 有明确的学生活动设计，问题或任务设计有利于实现教学目标，有利于教学情境营造和教学活动组织。 4. 教学方法描述清晰，选用适当，符合教学对象的要求，有利于教学内容的完成，有利于教学难点的解决，有利于教学重点的突出。 5. 注重形成性评价，注重生成性问题的解决和利用。	
课件使用 （30分）	1. 课件取材适宜，内容科学、正确、规范。 2. 课件的设计新颖，使用得当，在课堂教学中具有一定的启发性，能调动学生的学习热情。 3. 操作简便快捷，交互方便，适用于教学。 4. 画面设计美观，有一定的艺术性。	
文档规范 （5分）	1. 文档内容完整，条理清楚，格式美观整齐。 2. 文字、符号、单位和公式符合国家标准，文字简洁明了，字体和图表等运用恰当。	

评委签字：_____

2012年_____月_____日

案例三：体育教师教学基本功竞赛评分表

苏州市草桥中学校体育教师教学基本功竞赛"评课"评分表

参赛选手：_____

序号	内容	总体要求	分值	得分
1	文档规格要求	符合规定字数要求，字迹端正，有一定文笔水平。	10分	
2	教学目标与教学内容分析	准确剖析本课学习目标及其达成度，运用课程性质等对教学内容进行分析。	10分	
3	教学过程与教学效果分析	公正客观地运用体育教学规律、运动技能形成规律、学生身心发展规律分析教学过程与教学效果，条理清楚。	40分	
4	特点分析	运用新课程理念分析本课教学组织、学法指导以及课程资源开发与利用等方面的特色。	20分	
5	问题分析	运用辩证法分析本课的不足，提出针对性建议。	20分	
合计		综合得分	100分	

评委签字：_____

2012年_____月_____日

案例四：体育教师教学基本功竞赛评分表

苏州市草桥中学校体育教师教学基本功竞赛"说课"评分表

参赛选手_____

评价指标	评分标准	分值	总得分
教材简析	教材内容（主、辅教材的搭配）符合实际、科学合理；教学目标表述外显、具体、可量化、可评价，能定性定量；教学重点、难点符合教材特点和学生特点；重点知识、技术技能符合学生的认知规律，紧密联系教学实际。	15分	
学情分析	根据学生年龄、生理和心理特点及身体素质存在的差异，分析教学内容必须具备的教学手段、教学方法及练习者是否具备接受新知识必须掌握的基础知识、技术、技能和状态。	15分	
教法、学法分析	教学方法（模式）、教学手段及理论依据在继承传统教法的基础上进一步创新、丰富和发展，实现体育教学方法丰富性与最优化，进而使体育教学手段更符合学生身心特点和学校实际；教学的组织形式有利于激发学生学习兴趣和求知欲，有教学特色，有创新精神；场地设计、器材布局合理，符合教学实际，能有效提高课的练习密度，能考虑到教学与安全因素。学习方法（练习方法）明确、具体、有要求，能体现学生的主体作用，能面向全体并显现区别对待，学法指导的理论依据科学、恰当、有针对性。	20分	
教学程序	课的总体思路和层次结构思路清楚、安排合理；解决重点、突破难点的切入点准，方法措施得当；德育渗透的途径与方法目的明确，实效性强；主、辅教材讲练时间合理，重点突出；预期的练习密度与生理脉搏曲线合理科学，符合教材和学生实际。	40分	
教态与语言表达	教态自然，端庄有神，能使用流利的普通话，语言简明准确，感染力强。	10分	

评委签字：_____

2012年_____月_____日

案例五：体育教师教学基本功竞赛评分表

苏州市草桥中学校体育教师教学基本功竞赛"课堂教学"评分表

参赛选手＿＿＿＿＿＿＿＿＿＿

评价内容		评价指标	分值	得分
教学目标与内容（10%）		1. 教学目标体现课程标准要求，目标多元，且明确、具体、操作性强，可以进行观察和评价。	10分	
		2. 内容选择符合学生身心特点与发展需要，体现体育课程的性质、特点和价值，主要教材有适宜的技术难度。		
教师教学 40%	教学过程（10%）	3. 教学设计科学，教学分段合理，运动技能主线与发展主线明朗，教与学的步骤清晰，运动负荷适宜。	10分	
		4. 教学组织严密，队形调动便捷、合理，各部分衔接自然，贯彻课堂常规认真得当，注意安全。		
	教学行为（20%）	5. 正确处理主导与主体的关系，尊重与关爱学生，有机渗透德育等相关学科知识；师生互动，共同体验体育运动的快乐，关注个体差异，因材施教。	20分	
		6. 教学方法手段多样、有效，突出重点，既能使学生学到必要的体育知识与技能，又能促进学生身体得到全面有效的锻炼，身心得到同步发展。		
		7. 教学器材、教具及方法手段经济、实用、安全、有效，简便易行，符合教学实际需要。		
		8. 评价公正、客观、真实，有利于每位学生的发展。		
	教师素养（10%）	9. 教学基本功扎实，驾驭课堂能力强，善于利用现有及生成的教学资源，有较强的应变能力。		
		10. 有创新意识，教学充满激情和挑战性，富有感染力。		

续表

评价内容		评价指标	分值	得分
学生学习 40%	主动参与（10%）	11. 学生参与面广,具有主动参与学习、评价的行为,绝大多数学生经过努力能达到体育课程的学习目标。	10分	
		12. 学习活动活跃、有序,学生具有浓厚的学习兴趣和强烈的求知欲望。		
	学习过程（20%）	13. 学生乐于接受教师指导,勤于实践。	20分	
		14. 学生善于动脑,勇于创新,能应用所学知识迁移拓展,敢于表达和质疑。		
		15. 学生善于与同伴交流、合作,责任感强。		
		16. 学生始终精神饱满,情绪欢快,有进取心,注意安全。		
	学习效果（10%）	17. 每个人都有不同程度的进步。	10分	
		18. 在情感态度、价值观方面得到相应发展。		
教学效果与特色 10%		19. 课堂气氛和谐、生动、活泼,师生获得共同发展。	10分	
		20. 方法、手段、课程资源开发与利用等特色鲜明,具有应用价值和推广价值。		
总评:			100分	

评委签字:＿＿＿＿＿＿＿＿＿＿

2012年＿＿＿＿月＿＿＿＿日

第五篇

观察—分析—比较—拓展

——体育教师的国际视野

在美国，体育在人们心中不仅仅是一个概念，而是犹如吃饭、穿衣、看报那样成为一种习惯，一种生活的必需品。

作为一名体育工作者，重要的是如何在现有的条件和环境下思考体育真正的内涵和功能，为每一个学生的健康发展上好每一堂课。

本篇收录了我先后到美国、加拿大和澳大利亚学习期间在体育教学方面的所见所闻。

> 走出国门,我见闻了美国的学校体育。原来,他们已把体育当作了生活的一部分……

美国学校体育见闻[1]

新年伊始,我们一行17位师生[2]漂洋过海来到美国波特兰市进行为期一周的文化交流。美丽幽雅的波特兰市在美国可以算是特区,和谐、安定的社会风气和人们相当高的生活水平,给人以世外桃源的感觉。虽然是阴雨绵绵的早春,可波特兰却处处掩藏不住它那莲花般的清纯与高洁,让备受颠簸的我们一踏上这片土地就感到沁人心脾的清爽。

根据行程安排,我们在 Jackson Middle School 和 Robert Gray Middle School[3] 这两所在当地比较有代表性、规模也相对比较大的中学进行了参观、学习和交流。通过实地考察、访问、查看资料等,我们对美国的中学教育教学管理有了进一步的了解。而我作为一名体育工作者,亲眼看一看美国学校的体育,实地了解一下他们的管理方式是我梦寐以求的事。利用这次机会,我通过对学校的校长、体育教师、学生以及当地居民的询问,初步了解了美国波特兰市各学校的体育教育教学等方面的情况,感悟颇多。

一、学校体育教学

(一)体育教育教学指导思想

Robert Gray 学校的体育教师强调,他们体育课教学的目的是学生的

---

① 该文刊于《中国学校体育》2006年第四期。
② 指江苏省苏州第十中学师生。
③ 这两所学校均为友好学校。

健康。过去，他们体育课也很注重团队协作、研究性学习、思维创新、技能技术的学习等，但现在不太注重这些，他们认为只有健康才是最重要的，体育课的主要目的是每一个学生的健康。

我国《中共中央国务院关于深化教育改革全面推进素质教育的决定》中指出"学校教育要树立健康第一的指导思想"，目前教育部又提出了"每天锻炼一小时，健康工作五十年，幸福生活一辈子"的口号。从这个意义上讲，在全球经济飞速发展的今天，随着人们物质生活水平的不断提高，"健康"成为人们关注的焦点。

(二)课程设置

Jackson 中学和 Gray 中学的体育课是选修课程，每个学生每年选一次，学习时间为半年，如果学生上半年选修合格，则下半年就没有体育课。由于是跨年级选修，所以一节体育课上既有七年级学生(初一)，也有八、九年级(初二、初三)的学生，人数一般在 35 人左右。

众所周知，我国的体育与健康课程是必修课程，按规定初中学生每周安排 3 节体育课，高中学生每周安排 2 节体育课。此外，根据《教育部关于落实中小学每天体育活动时间的意见》，要确保中小学生每天有一小时的活动时间。因此，学校还要安排课间操、体育锻炼课等。随着我国新课程标准的改革实施，打破原来的按行政班教学为平行班级选项教学模式已在国内中学推行，这虽然有着许多客观因素的限制，但从积极意义上讲，有利于学生专业技术的掌握和学习兴趣的培养，为学生的终身体育打下基础。

(三)教学内容与考核安排

刚到 Jackson 学校和 Robert Gray 学校，恰逢他们一学期结束，学生们都在进行各项考核。在 Robert Gray 学校，体育老师让学生们采用慢跑形式做好准备活动后进行体育理论考试，考试的内容是要求学生写出人体肥胖的原因，并针对原因分析预防的措施和减肥的方法。当我们要离开波特兰时,又恰逢他们新学期的开始,学生们通过新一轮的选修,进行新学期的学习,在 Jackson 学校我又观摩了一堂新学期体育常规教学课。

由于时间较短,加上他们学校以地区管辖为主,相关的官方文件不多,所以我只能通过询问体育教师和观摩他们体育教学课以及参观场馆设施进行了解。他们平时体育课内容教学主要有篮球、保龄球、射箭、跑步、素质等,技能考核项目主要有立位体前屈等素质内容。体育教师告诉我们,学生的体重是不测试的,因为他们认为这涉及个人隐私。

从一堂体育课的组织教学形式、教学内容方面来看,与我们相差不大。只是我们有体育中考的压力,围绕中考项目的教学内容比较多。此外,我们现行并实施的《学生体质健康标准》中,体重和身高是我们必测的项目,并作为研究学生体质的重要参考指标。

(四)运动场管设施

Jackson 学校和 Robert Gray 学校体育场馆的共同特点是空间被充分利用,大多是可移动的设施,随时可收起来,如活动的篮架,可以立起来的看台,靠墙的保龄球设备需要时拿出来摆上就能用,墙壁用来作为射箭的靶子等。除学校的内部设施外,校外有共享的足球场、垒球场、高尔夫球场等。总之,每个学生人均的运动场地比较大。

以前我也从媒体上和别人的介绍中了解到国外学校的场馆设施利用率高、运动场地大等情况,但没有一个感性的认识,亲眼看到了他们的场馆设施,尤其是看到他们拥有与外界共享的一望无际的垒球场、足球场、田径场等时,内心真是感慨万千。那天,我独自一人站在那绿茵环抱的运动场中间,想着国内大多数城市中学那被林立的高楼环抱着的一片小小田径场,心中的感慨难以言表。我也曾参加过国内一些中、小学校实施学校体育和卫生工作两个条例工作的验收,有些学校有着装修一新、漂亮豪华的体育馆,也有标准的 400 米草坪田径场,可有着"除上课时间,学生不得进入场地活动"的标牌,当时我们大感不解:运动场馆不允许学生活动是为何?后来才知是怕学生弄脏弄坏。在运动场馆的资源充分利用和实用性方面,我们与国外在观念上存在着一定的差距。

(五)体育教师课务等情况

Jackson 学校和 Robert Gray 学校各有三四百名学生。Robert Gray 学校

有一位体育教师,他每天上 6 节体育课,每周上 30 节课;Jackson 学校有两位体育教师,每天有 4~5 节课。当我惊讶地问起每周上这么多课累不累时,体育老师轻松地说:不累!

针对这一点,我起初有点不解,同样是体育教师,我们一周教学时数若超过 16 节,那一定是很辛苦了,为什么他们一周 30 节课却说不累呢?过后细细想来,明白了个中之原因:第一,他们人数少,我们人数多,我们有些学校班级的人数几乎是他们的两倍,人数多则管理相对要累些。第二,他们学校的体育场馆器材充裕,人均有足够的活动空间和时间;而我们人多,场地器材少,教师要充分发挥自身的体力和脑力,不断组织和调动,才能解决问题,所耗精力必然要大。第三,他们学校没有课间操、运动会及各种课余训练与比赛,纯粹是单一地上课;而我们有除上课以外的其他事务,精力分散,所以会感到辛苦。此外,从客观上讲,我们教师的物质生活水平远不如他们,家庭等的负担又让教师在工作之余还得奔波劳累。以上种种,让我感到了其中的差异,也顿感释然。

(六)学生运动安全管理

针对学校安全事故这个敏感话题,我就"一旦发生事故学校的做法和家长的反应"这个问题询问了 Robert Gray 学校的校长 Willie 女士。她告诉我,当学生出现伤害事故的时候,如果该学生参加了保险,那么费用都由保险公司赔偿,如果没有参加保险,则由学校全部赔偿,因为学校是全封闭管理。而家长的反应各不相同,有的很配合,有的就不好说话,他们可能会到学校理论,甚至走法律途径。谈到这个问题,Willie 女士也做出无奈之表情。

记得一位好友曾对我说过:在日本,如果学生在学校受了伤,那么学生家长一定会到学校向学校和老师赔礼道歉,反复说对不起。因为他们认为孩子受伤,给学校和老师增添了麻烦,

所以道歉的应该是他们。这一点,我们真有点羡慕日本的教师。然而,我想说的是,我们有些体育教师由于过分担心学生在体育课上受伤,怕受到学校、家长的指责,甚至会遭到舆论的压力和承担更严重的后果,于是,体育课上总是小心谨慎,几乎不敢让学生放开运动:跑步怕摔伤,跳跃怕扭伤,单双杠、跳马等怕掉下骨折,篮、排球怕被球砸伤,羽毛球练习怕球拍质量不好甩手伤人等等。我想,这些也是导致近年来我国中小学生体质水平下降的因素之一,不得不引起我们的深思。

二、学校群体工作的开展

美国学校都是采用"跑班"上课,没有像我们这样固定的行政班,也没有班主任,加上体育是选修课程,所以他们没有课间操,没有校运动会,没有体育锻炼课,没有年级比赛等,唯有较少的校际间的比赛。那么,学生用来进行活动的时间到底在什么时候呢?他们所提出的"健康"在体育上体现在什么地方呢?通过询问学生和分析他们的作息时间,我了解到,他们学生9:00到校,下午4:00左右放学,学生回家后可以有很多的时间进行体育活动。在波特兰,几乎每家门前都有篮球架,每个家庭都有各种各样的滑雪工具、运动的自行车、高尔夫运动器械等。我们也看到家长们常利用晚上和双休日带孩子打保龄球、爬山、滑雪等。因此,他们的群众性体育活动已融入家庭日常生活之中了。

在波特兰期间,正遇上他们本年度最大的一次足球(橄榄球)比赛,比赛那天,我们的住家Bonnie带我们到超市去购物,一路上,我们发现原本车辆较多的高速路上几乎没几辆车过往,而总是停满汽车的大型超市门前也冷冷清清,零星地停了几辆车,经过的加油站、小店不时传来足球比赛解说员的声音……Bonnie告诉我们,大家都在看足球比赛,因为这是本年度最大的一次比赛。可见,体育在他们心中不仅仅是一个概念,而是犹如吃饭、穿衣、看报那样成为一种习惯,一种生活的必需品。

想到这一点,不得不让我感慨体育精神、体育文化乃至体育的魅力在我们国家普通老百姓心目中的地位从客观上讲远远没有达到这个程度。因此,我又联想到我们的初三学生体育中考,看似想用孩子的学业前途来引起社会对体育的重视,以带动千万个家庭来关心体育、热爱体育,其实

不然,实为用心良苦。

三、竞技体育

　　从 Jackson 和 Gray 学校的老师和所接触的当地居民中了解到,波特兰有些学校有专门成立的运动队,配有专业的教练进行训练,为高一级学校提供体育运动人才。虽然美国的学生在我们的眼中没有高考、中考的压力,也没有家长和学校给予的压力,学习似乎很轻松,但我们了解到,Jackson 学校和 Robert Gray 学校这样初级中学的学生,要想到当地比较好的高级中学读书也要进行选拔考试,而高级中学的学生一旦学习目标明确,如要读大学,那么他们自己给自己的压力是非常大的,也需要付出很大的努力才能成功。同样,如果有些学生的目标是想成为一名"开拓者"队的队员,那么从中学开始他们就要接受专门的训练,高校每年都到中学选拔运动员。据当地居民介绍,去年就有 2 位学生被高校看中,将会成为高校的一名运动员,而高校又有 2 名学生被"开拓者"队看中,成为一名职业运动员。据介绍,像美国"开拓者"队的运动员,都来自于高校,他们的薪水来自于门票和广告等收入,政府不会有专门的拨款。

　　由于时间仓促,不能更深、更多地了解他们的体育。但不管我国与美国在体育运动方面有多少不同,都有着其一定的社会背景和客观存在的理由,而这些背景和理由都是由国情所决定的。随着新课程的改革实施,相信我们的体育体制一定会朝着符合国情的良性方向发展。作为一名体育工作者,重要的是如何在这样的条件和环境下思考体育真正的内涵和功能,为每一位学生的健康发展上好每一堂课。

> 虽然是作为管理者身份去加拿大培训的,但作为体育人,我更加关注他们的体育教育……

加拿大中学体育见闻[①]

作为江苏省教育厅组织到加拿大多伦多苏安学院参加初中管理者培训的一员,本人于9月底来到了风景优美的加拿大。在完成各项学校管理培训的同时,深入了解加拿大的中学体育实践同样是我出国的目的。三周时间内,我通过询问加方的校长和督学、学校的老师和学生及参观学校、随堂看课等,对加拿大尤其以安大略省为主的中学体育实践有了一些了解。

一、来自中学校长、督学层面的加拿大中学体育实践信息

Linda Lennox 和 Steve 都是安大略省校长协会成员,Linda Lennox 现在是一所双语学校的校长,而 Steve 做过教师、副校长、校长,现在是一名辅导员,同时也是我们培训期间的外教班主任。他们提供给我的信息是:加拿大体育教学的指导思想是为了每一个学生的健康。他们的体育课也称为卫生健康/体育课,是必修课,初中

---

① 该文刊于《中国学校体育》2009年第12期。

每周有 2~3 节体育课,一般两个班的学生一起上课,上课人数在 40 人左右,有两位老师同时执教。高中是选修课,学生高中毕业必须拿到 30 个学分(必修 18 个学分,选修 12 个学分),其中卫生健康/体育是 1 个必修学分,学生可以在高中阶段任何一个学期选修。他们的体育教学内容基本也是以田径、球类、体操、棒球、游泳、足球等为主。在交流中,两位校长都跟我强调他们的体育课还有健康、卫生等,如让学生知道人体的生理结构、肥胖的危害、吸毒和抽烟的危害等。期间,Linda Lennox 问我们的学生每天体育活动的时间有多少,我说我们规定每天要有一小时的体育活动时间,她做出惊讶状,并说因为他们在校时间比较短(早上 9:00 上学,下午 3:15 左右放学),每天也有 20 分钟的体育活动时间,放学后就不组织学生活动了,但学生自己会活动,如打棒球、篮球等。值得一提的是,加拿大教师所教学科都不是单一的,至少要上 2~3 门学科,如一位老师既上物理,又上英语,可能还要上生物。但是他们的体育老师只教体育,他们认为体育是专业性很强的学科。

二、来自学生层面的加拿大中学体育实践信息

培训期间,我们参观了两所中学,一所是 Marc Garneau Collegiate Institute,相当于国内的高中。到达该校时,校方已安排了几组会讲中文的学生为我们当向导,我们一组的向导是 Catherne Lu 和 Yannan Liu 两位学生,当我们参观完学校的教育教学设施和课堂

教学情境后,我同样询问了他们体育课的情况。他们给我的信息是:初中是必修课,男女分开同时上,每周上 2~3 节;高中都是选修。体育课的主要内容有跑步和球类,男生 12 分钟跑是测试的一项内容,主要看时间,Yannan Liu 说他 12 分钟跑了 5 圈半,老师就给了他 85 分。女孩则能跑

多久就多久,基本只要参与就会有分数。他们每学期都有体育笔试内容,在教室内进行,考试内容主要是身体结构是如何的等等。他们的体育馆空间被充分利用,大多是可移动的设施,随时可收起来,如活动的篮球架、可以立起来的看台等,简洁且使用率高。他们的体育馆常用来开会、搞活动等。

三、本人深入课堂所观看的中学体育实践课

David Leeder Middle School 是一所在安大略省皮尔区的非常好的初中,我们参观期间,恰逢他们八年级学生有体育课。令人高兴的是,因为Steve知道我是体育老师,就安排我去看他们上体育课。

这些学生的年龄在13到14岁,肤色不异,有白人、黑人,还有黄种人,他们来自于不同的国家。课前,学生和老师都在体育馆,三五成群地一起活动,没有追逐打闹,同时上课的有两个班45位男女学生,有两位男老师,老师手中拿着橄榄球(美式足球)。上课铃响

后,体育老师大致讲了一些课堂常规和要求,没有我们所谓的队形,只是相对集中而已。然后就领着学生来到外面的大操场上,说是操场,其实是一个大草坪,没有跑道也没有足球架等。他们绕大草坪慢跑一圈后,就开始分组进行比赛。我观察了一下,基本按个子大小自然分组,一组学生明显要比其他组个大,而一组明显个小,三个组分别由两名体育老师和一名助教负责。在活动过程中,又来了两位老师,我询问边上因病见习的学生:他们是谁?该学生告诉我,他们是来帮助和指导学生的。一堂课,体育老师没有示范,只有提醒。而孩子们从头到尾都在比赛,他们有时会停下来聚在一起协商,有时会互相提醒,大家都很愉悦。

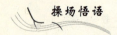

四、无意中捕捉到的课外活动

在加拿大的三周时间里,我常常在下课后到附近散步,感受那里清新怡人的空气,欣赏漂亮的枫叶和每幢风格迥异的别墅。期间也捕捉到了一些家庭体育活动的画面:只要有孩子的家庭,就会有各种体育器械,如棒球、篮球等,房前或房后还有篮球架。一天傍晚,我看到父子三人在自家门口打棒球,两个孩子看上去是初中生,三个人正好一个投球,一个击球,一个接球,他们配合非常默契,相处很融洽,从两个孩子非常娴熟的投球和击球技术中,可以想象他们平时一定经常练习。

加拿大的国球是冰球。他们打趣说,在加拿大,如果男生不会打冰球就不算真正的男人。冰球运动的首要技术是会溜冰,然后才是会打球,而这些运动仅靠课堂学习是远远不够的,可以想象,到了冬天,冰球运动一定是孩子们喜爱的运动。

由于时间仓促,不能更深、更多地了解加拿大的中学体育情况,而我也不想对中加体育教学进行比较。不过,作为一名体育工作者,如何在我们现有的条件和环境下思考体育真正的内涵和功能,为每一个学生的健康发展而实践,体育教学是值得深入思考的问题。

第五篇 观察—分析—比较—拓展

> 澳大利亚维多利亚州东登卡斯特中学每年都派老师到中国来学习，他们想在中国和澳洲教育之间寻找平衡点。我在澳洲的学习感悟到了很多……

澳大利亚学习交流散记

在江苏省与澳大利亚维多利亚州缔结友好省州 32 年之际，在苏州市教育局与墨尔本市东区教育局即将签署教育友好合作备忘录之时，我校与墨尔本市东登卡斯特中学结成了姐妹学校。2011 年 8 月，学校受东登卡斯特中学的邀请，派我与其他五位教师到维多利亚州墨尔本市进行了为期六天的教学交流。

除去来回路途，我们在澳大利亚境内的实际时间只有四天，我们团非常珍惜这样的学习机会。出访前，我们做了精心的准备：除了与东登卡斯特中学签署合作交流备忘录，选择性学习他们的管理模式、课堂教学外，重点对他们的分层教学或差异教学进行深入的学习和研究。此外，我们也借此机会带去中国的文化，为他们的学生精心准备了一堂课。

东登卡斯特中学为我们本次学习交流同样做了精心的部署，四天中我们三天都在学校听课、交流。虽然我们没能去美丽的昆士兰黄金海岸，也未能有机会赞叹世界第八大奇观澳洲波浪岩和观赏到菲利普岛自然公园企鹅队伍壮烈游行的一幕，更没能目睹悉尼歌剧院的奇特建筑，但是我们每个人都很有收获，很知足。尤其是我这个"六天团长"，更是感慨颇多。

一、质量就是生命线

东登卡斯特中学（East Doncaster Secondary College）是维多利亚州一所大型公立中学，约有 1300 名学生注册就读。这是一所多元文化的男女合校，开设 7 年级至 12 年级的广泛课程，在社区中享有极好的声誉。学校对外宣传的优势有：专科录取率 93%，职业教育录取率 28%，大学录取率 67%，100% 的国际学生成功通过维省高中毕业考试，30% 的学生成绩 90 分以上，45% 的学生成绩 80 分以上，国际学生最高分是 99.3 分，学校学生高考入学分数通常都高于州平均分数的两倍，被州政府列为维州九所成绩最优的中学之一。

窥一斑而知全豹，看到以上数据，我相信每个人都会有同样的感觉，就是澳大利亚的中小学并非像我们所想的那样没有考试的压力，没有分数的压力。事实上，据他们校长介绍，他们 3、5、7、9 年级都要考试，只是考试成绩家长不知道，只有校长知道，到了 12 年级就是毕业考试，家长会知道，且 90 分以上的会公布。所以，"质量就是生命线"这句话在澳洲的学校同样适用。

二、差异教学

通过深入课堂听课、交流介绍等途径，我们对澳大利亚的差异教学有了较为深入的了解，我想可以归纳为差异课程和差异教学两个方面。

（一）差异课程尽显人性关怀

为同一年龄但不同能力和水平的孩子设置不同的课程，这是我们参观东登卡斯特中学的三所生源地小学：Donburn 小学、Serpell 小学和 Doncaster Gardens 小学时感受到的。在一个小房间里，我们看到一位老师在跟一位学生上课，细细了解得知，这个学生是一位语言能力很差的学生，平时很少开口与同学交流，学校为这样的孩子专门安排了"一对一"课程，通过这种形式让孩子找到自信，敢于交流，充分体现了"不让一个孩子掉队"的理念。

在东登卡斯特中学的第二天，我们共听了八节课，其中有一节是 8 年级的英语课，有 15 位学生。国际部的 Mei Mei Chee 老师给我们介绍说，这是专门为移民孩子开设的第二语言课堂，一些孩子随父母移居到澳大利亚，只要没满 7 年且英语基础差的学生都选择这个比较简单的课程。通常情况，这样班级的班容量是 7 到 8 人，属小小班。

东登卡斯特中学有国际部，但国际部的学生 80% 来自中国，这些学生最大的障碍是语言交流,为了让这些学生能迅速提高语言水平,教师中午专门为他们开设提高班,促使他们学习,旨在提高他们的英语成绩。

最让我们感到人性化的举措是他们的分班。在分班前,学校会让学生填一张意愿表,在意愿表里写上自己希望与哪些同学分在一个班,学校教务部门会认真考虑,最终会确保每个同学在班级里都至少会有一个熟悉的同学。听到这样人性化的分班,我们每个人都很感动。

(二) 差异教学展示以人为本

Karen Boyle 是学生处的负责人,相当于我们的教务主任,她曾于去年的4月份到过我校,她为我们介绍了他们学校目前正在试行的以学生为中心、合作自主的课堂教学模式。

她以8年级科学课为例,强调互动合作的意义在于能打破传统的教学。她认为传统教学中,教师是知识源,是领袖,学生只是单个人的学习,比较被动,教学活动受到了限制。而现在的课堂强调教师是辅导者,学生很主动,跨越了单独学习的界限。她认为以学生为中心的教学有很多优点,其一是迫使学生走出舒适区,促使学生要打破自己原有的习惯,如跟别人说话。其二通过交流互动提供了沟通的平台,让学生们知道其他人的想法,这样能让学生成为一个会反思的学生,有了这个过程,就会有一种想说服别人的想法。其三加强了老师和学生的联系。

为了能让大家对这样的教学方法有感性认识,她把我们六位老师分成两人一组现场体验,具体步骤就是两个人先围绕主题依次讲自己的观点,然后向其他组表述,复述也是一个学习的过程,这样每个组都学到了很多东西。在这过程中,教师可以评估学生对知识是否理解,学生掌握了哪些知识点,并把收集的信息写在白板上,学生已知道的就不用再讲,优化了课堂教学。Karen Boyle 还介绍了他们热衷的两种课堂教学的组织形式"Think-Pair-Share"(思考—配对—分享)和"Hot Potato"(热土豆),

"Think-Pair-Share"可以有效地提高学生听与说的能力,具体方法是学生围成两个同心圈,面对面互看对方的脸。教师给出主题让学生思考,并决定是里圈的学生先开始讲还是外圈的学生先开始讲,考虑到学生能力差异,有时是让能讲的学生所在圈先讲,让不能讲的重复,轮流发言,这样每个人都有机会表达自己的观点或复述别人的观点,每个人都听到很多的观点,这对提高学生的语言能力很有帮助。"Hot Potato"具体的做法同样是把学生分成几个小组,教师给每个小组一张纸、一支笔,每个组的笔颜色不同,且每支笔代表不同的主题。如要画出人体结构图,一个组画心脏结构,一个组画肺的结构,一个组画肝的结构等等,然后每个组轮流看、轮流添加,最后全班展示。这样的教学方法让学生的角色又有了改变,从一个受教育者成为一个教学者。为了能让我们更直观地了解他们的"Hot Potato",我们从会议室来到了教室,观摩了一堂他们的科学课,课堂上学生都动了起来,当问一位学生这种形式的课感觉如何时,这位学生告诉我们他对这样的形式很感兴趣。

东登卡斯特中学校长 John Handley 坦言,当他们听了中国的中小学课堂教学后也一直在思考,中国的课堂教学特点是班级人数多、知识容量大、知识点深而难,教师上课的步骤清晰、逻辑性强等,感觉学生很快能掌握知识,因此,他们也在深入思考如何在中澳教育模式上寻找到一个最佳最优的结合点。从这可以看出,如何优化课堂教学同样是他们当前重点研究的课题。

三、40%的中文选修率

在参观他们的生源小学 Serpell 小学时,我们看到他们的走廊里挂了一条很大的手工制作的龙,每个小孩见到我们都会说"你好!"事实上,我们在所参观的其他几所学校的校园内都能看到一些中国的文化。在异国他乡的校园里见到这么多中国元素,我们很吃惊,也很欣喜。

"据我所知,我们这里大概 20 年前就有汉语学习了。"这是 Serpell 小学的老师告诉我的。据他们介绍,当地教育局提出,每个学校要开设选修课,但课程由学校自己定。于是,他们根据当地居民的需要开设了希腊语和中文,每周一节课,至今至少有 20 年的历史了。同样,以东登卡斯特中学为代表的学校,要求7~9年级的学生必须选第二语言,统计数据显示,有40%的同学选择了中文,他们还有校本教材《轻松学中文》,有教科书和练习簿。

我们在澳大利亚期间,墨尔本东区教育局局长刚参加了维多利亚州一个重要的教育工作会议,州长在会上说:中国是澳大利亚的未来,希望大家与中国搞好合作关系,教育上更是如此。听到这样的话,作为中国人,心中还很是感慨,也不再奇怪他们学习中文的深远意义了。

四、会移动的房子

东登卡斯特中学校园很大,初次到校园时,真还找不到东南西北,在参观过程中,我们发现有些房子是木质的,似乎是临时的,看似很简易,但屋内设备齐全,暖气等都能正常供应。陪同我们的 Sally Huang 老师跟我们讲,这些房子确实是临时的,因为这几年学校声誉越来越好,学生人数越来越多,所以教室就不够了,于是社区就把这些房子移过来。如果今后学校生源数减少,则可以再拿走,这样可以减少不必要的资源浪费。

其实,澳大利亚优美的环境、清新的空气、和谐的氛围,足以让我们看出澳大利亚人的节约习惯和环保意识,他们崇尚的是自然、返璞归真。在校园里,除了草地和树木,处处能看到用厚厚木屑铺成的路。在城市里,除了马路以外,大多直接在泥土之上铺上碎石,简简单单,下雨天也不会感到很泥泞,节约了大量的经费。为了时刻保持优美的环境,各种公共设施可以说是细致入微。比如,澳大利亚的垃圾分为可回收和不可回收两种。住户会经常收到社区发放的小册子,上面有详尽的垃圾分类说明。如果将两类垃圾混放,来收垃圾的人就会拒绝收走,直到正确分类。又如,澳大利亚水资源比较匮乏,因此澳洲人都自觉养成了节约用水的良好习惯。

五、毕业班的待遇

中午休息时,我刻意在校园到处走走,想看看学生们中午在干些什么。所到之处,看到学生们都在室外休息、闲聊,有学生在体育运动,也有学生在看书,教室内空无一人。陪同我的 Sally Huang 告诉我,中午有一

操场悟语

小时的时间休息，但学生不能进教室，除了下雨。学生的午餐自带，好在他们的饮食习惯跟我们不一样，一个汉堡或三明治就解决了中餐。但是，学校专门有为12年级学生准备的休息处，这个休息处一年四季恒温，内有微波炉，可以热菜。

因为12年级要参加全国的统考，所以每所学校都很重视，这不仅体现为教学上的重视，同样也体现在为毕业班的学生提供良好的学习环境和生活帮助上。所有这些都寄予了学校对毕业班学生的希望。

六、健康与体育

作为体育专业的我，习惯性地关注澳大利亚的体育教学是必然。

参观了几所学校，让我感到奇怪的是，没有一所学校内有田径场，来到运动区，一眼望见的是大片的草坪，也有篮球场、澳式足球场、网球场、高尔夫球场和适合运动的广场。我问

Sally Huang，怎么没见到田径场？她告诉我，这里的学校一般都没有田径场，只有社区有，如果学校需要召开运动会，可以组织到社区大的体育场进行。

茶歇时，校方给我介绍了体育老师 Anita Wong，借此机会我向她了解诸如体育课程标准、体育课的理念、每周学生的课时、体育课程的安排、学生课余体育活动等问题，Anita Wong 很热情地跟我进行了交流。

我初步了解到，澳大利亚维多利亚州有自己的课程标准，但 Anita Wong 告诉我，由于地区差异比较大，比较富裕的地方实施得较好，而比较穷的地方由于生源基础不同难以实施，所以每个学校根据自己的情况会自定标准，做到因材施教。8~10年级的体育是必修课程，每周2课时，以运动为主，他们用 Sports 表示；10~12年级为选修课，每周5课时，其中3

课时是体育理论课,他们称为 PE,2 课时是运动课,即 Sports。体育理论课学习的内容主要涉及生理,人体结构如骨骼、肌肉,还有运动方法的知识等,这个内容有作业,还有考试;2 节运动课主要是活动,他们喜欢澳式足球、篮球、游泳等项目。学校一般下午 3 点多放学,

学生的回家作业不超过一小时,所以有足够的时间自由活动,女生喜欢打篮球,男生喜欢澳式足球。Anita Wong 说体育课的目的就是培养学生的运动兴趣,同时教会学生掌握运动方法。

　　澳大利亚学习交流时间虽然很短,但开阔了我们的视野,冲击了我们的观念,更新了我们的理念,为学校的教育教学管理模式和课堂教学改革提供了新的思路,对学校的育人目标也有了新的思考。我作为本次活动的成员之一,随笔写下了片言只语,但确实是我的一些真实感受,以此共享共勉。

> 中国和美国的中学体育教学到底有什么差别？学习和比较了两国教师的教学实践后，我有了较为客观的分析……

中美体育课堂教学的比较与思考[①]

2011年10月27日到30日，由全国高等学校体育教学指导委员会、美国人体运动学协会和美国教育研究会学校体育研究团体主办的"面向未来：新体育科学暨学校体育国际会议"在苏州大学隆重召开。与传统的国际学术交流不同的是，这次会议分为"学术"和"实践"两部分，"学术"部分包括大会报告、圆桌讨论、墙报交流和书面交流，而"实践"部分包括中美教师示范课、互动评课活动等。尤其是中美两国的体育教师展开的课堂教学，可谓开创了历史的先河，在我国学校体育发展史上记下了宝贵的一笔。

10月28日下午，借苏州市振华中学校的场馆与学生，中美教师分别进行了中学体育课堂教学研讨活动。活动同样分两部分进行，第一部分是课堂教学展示，先由中方两位教师：苏州市振华中学的莫的丽老师和徐州市铜山县体育教研员石冰冰老师分别展示

---

① 该文刊于《中国学校体育》2011年第12期。

了以排球和健美操为主要内容的45分钟课堂教学,接下来由美国亚拉巴马州奥本大学教授彼得·哈斯提和美国德州农工大学的苏珊·威娜老师分别展示了以飞盘和舞蹈为主题的45分钟课堂教学;第二部分进行了说课、评课活动。我作为参与该活动的成员之一,在观摩过程中努力寻求中美课堂教学的异同点,挖掘两国体育教学的特色和优势,以期能更好地梳理、提炼和借鉴。

一、从教学目标看课堂教学的导向功能

为了更直观地分析两国课时教学的目标,以便能更好地从各自的文字表达上寻找通过两国教师教学后学生可以达到的预计结果,特把教案上的课时教学目标摘录如下:

莫的丽老师的排球传球教学目标:

1. 学习与了解排球正面传球的技术原理和传球在排球运动中的作用;

2. 通过学习,85%以上的同学能掌握排球传球的技术动作,能做到正确判断球,积极移动处理球;

3. 在排球活动中,发展学生的速度、灵敏、耐力、柔韧等身体素质,形成热情、开朗的性格,具有进取精神和合作、交往的能力。

石冰冰老师的健美操教学目标:

1. 学生明晰自编健美操第一组合:并步、交叉步、吸腿跳、开合跳的动作名称和方法;

2. 90%左右的学生能在音乐的伴奏下完成第一组合的动作,身体协调性得到提高;

3. 学生在练习过程中热情高涨、积极参与、主动交流,同伴之间配合默契,与他人交往合作的能力得到提高。

苏珊·威娜老师的舞蹈教学目标:

通过本课学习,在课程结束时,学生们将能够解释在音乐和动作中什么是组合,与一同伴表演一套采用位移、非位移和操作性动作构成的序列组合。在课程中能够不断口头鼓励小组成员。

彼得·哈斯提的飞盘教学目标:

这个计划将花费新手(老师和学生)一节课的时间去学习极限运动的技巧,然后延伸到飞盘的四角游戏。学习效果:锻炼团结;发展自我裁判和辨别纠正技术;学会男女搭配来玩这项运动;将这种技术应用到其他的对抗性运动中。

从总体上看,两国教师在课堂上都注重学生技术和技能的提高,学生能相互合作,相关能力得到发展。中国教师的表述在知识、技能、情感态度方面面面俱到,充分表达了教师对体育教学功能的理解。但细细品读,整个目标概念范围大,如果教学中没有具体的手段,难以把概念性的目标转化为实际的可操作的行动,也难以量化,对教师的要求很高。排除翻译上的用词,美国教师的目标表述则比较单一、显性,但细细斟酌,这样的目标针对性、可操作性强,如果课堂中的达成率高,那么学生技术、技能的提高,情感、态度、价值观的提升则不言而喻。

二、从教学设计看师生的课堂角色

根据新课程的理念,目标统领教学内容、组织、教法和学法。也正因为如此,从课堂教学设计中不难看出,中方教师在课堂内容、节奏、时间、次数的把握上都是按预设好的程序进行,什么时间练什么内容、练多少次,学生都紧跟着老师的步骤。如莫的丽老师的排球课,从徒手练习到巩固传球手型、体验手腕放松和用力,再到一抛一接

及互传等,步骤清晰,教法细腻。从学生的掌握程度来看,学生对传球的概念、方法已很清楚,但由于一堂课的练习时间太少,每个步骤、每个内容都是浅尝辄止,学生刚有一点感觉就赶着下一个环节的练习,这在一定程度上影响了学生对技术的巩固。反之,也能看出教师潜意识中的"主宰"意识。美方老师的课堂看得出也是精心设计和准备的,虽然存在语言的

沟通障碍,但初三学生还是能从老师简洁的语言提示和体态明白意图,如苏珊·威娜老师的舞蹈教学,老师对一个节奏动作的教学不厌其烦,反复练习,直到学生能基本掌握。可能是学生的节奏感较差,也可能是学生不能很好地理解老师的要求,从教案上可以看出,苏珊·威娜老师没有完成预计的所有任务,学生的基础和接受能力跟她课前的"预设"产生了矛盾,"生成"的一些新问题不得不让她改变了进程,降低了难度,减少了环节。这一点我们能看出教师心中学生的"主体"地位,与我们的评价和观念是有一定的差异的,这也是值得我们思考的。

我国新一轮课改反复强调教师的主导地位和学生的主体地位,但在实施过程中还需要有一个逐步转变的过程,从中方的两堂课中也不难看出,老师在课堂上努力给学生自主讨论、自由组合、相互协作等环节,采用多种手段激发学生的兴趣,通过有效的技术教学培养学生终身体育的能力,这些都是在实践课改精神。美方的课堂教学中,老师在课堂上似乎很轻松,但教学环节一环扣一环,尤其是彼得·哈斯提的飞盘课,学生能从不断变化、逐渐增加难度的游戏中不断挑战自我,获得最大的满足感。课后我曾问刚上完飞盘课的学生,感觉外国老师的课怎样。学生说很新鲜,很有挑战性,很累,但很开心。

三、从教学内容构架看教法手段

从目标中可以看出,中方教师每堂课都想把新课程的理念融会贯通其中,所以很想通过不断变换练习内容来体现。如莫的丽老师在内容的安排上,除了准备部分的听信号综合步伐慢跑、漂亮的球操和结束部分的放松操,她的基本部分不仅有排球主教材的教学内容,如上面所说的从徒手等到两人一组的互传,还安排了夹球跳成

"龙"形图案等辅助内容,让人感到一堂课内容繁多,略显饱满,而围绕主教材的教法、学法手段反而偏少。石冰冰老师的课从外显的"形"来看,学生就学习了健美操的一个组合:并步、交叉步、吸腿跳、开合跳,但她把新课程理念:参与、合作、交流、激情、运动常规、安全等通过可操作的行动和身体练习来激发并实现,取得了很好的效果,看出了老师的精心设计和驾驭课堂的能力。但老师这样上课所耗体力大,很辛苦。再看美国苏珊·威娜老师的舞蹈课和彼得·哈斯提的飞盘课,一堂课就一个内容,彼得·哈斯提的飞盘课连常见的准备活动都没有,内容虽单一,但教法手段多样,引人入胜,学生乐此不疲。美国苏珊·威娜老师的舞蹈课相比较而言有点出乎大家的意料,整堂课中没有看到想象中优美的舞蹈,更没见到老师最直观的示范,原来,她只是让学生根据音乐、节奏鼓练习节奏的序列组合:双脚跳、踏步、踏步、走、走、走、走、跑、跑、跑、跑、跑、跑(重复)和单脚跳、大跳、大跳、微蜷身、踮足尖、踮足尖、踮足尖、踮足尖、拍球、抛球、接球、手传球、拍球(低拍8次)。从学生的最终表现来看,学生通过反复的练习掌握了音乐和动作的组合,基本达成了目标。

德国著名教育家第斯多惠说过:"教育的艺术不在于传授知识和本领,而在于激励、唤醒和鼓舞。"从四节课中可以看出,教师在课堂中不断通过语言或个人达到目标、小组合作成功来激励学生,鼓舞学生,均取得了良好的效果。

四、从课堂组织形式看教学效能

比较中美两国体育课堂教学的组织形式,共同点都是围绕教学内容选用合适的形式开展教学活动,都很自然,注重组织的有效性。中方老师练习时较多地采用四列横队密集队形、四列横队练习队形、圆形、两人一组适距练习队形、自由组合队形等,在讲解时能根据需要采用集中和分散的形式。美方老师的组织形式同样也有四角相向交叉行进、一列横队行进队形、圆形、两两面对面适距练习等,讲解时习惯原地坐下,而下课时则直接宣布结束。

中方教师在组织教学时,比较注重学生练习时的安全区域,全局观比较好,如莫的丽老师的组织比较大气、舒展;石冰冰老师常常让学生两臂侧平举后原地转一圈互相不碰撞来确立一个安全又便于运动的区域,在整个过程中没有压抑和紧张感。而这方面,可能美国教师在自己国家上课时一般是学生少、场地大,所以对组织这方面相对要求较低。如苏珊·威娜老师的舞蹈课,学生成一列横队行进中练习动作节奏时,学生左右没有间距,虽然场地其他区域很空,但学生挤在一起很压抑。彼得·哈斯提的飞盘课,一个学生被另一个学生强烈冲撞摔倒在地,老师似乎熟视无睹。这些差异同样也是双方在长期的教学过程中形成的一种观念和习惯。

对于课堂中的分组教学,表面上看,所用手段没有明显差异,双方教师惯用就近原则,前后一组或随机一组,或男生一组、女生一组,省时省力。但美方彼得·哈斯提的飞盘课的分组让人感到了他的巧妙和细心,虽然也很简单,但简单中透出了他的智慧。他课前随机分发给每个学生一根可以套在手腕上的小小橡皮圈,共有五种颜色,代表五个组别,学生很容易根据颜色找到同伴。这些细节上的考虑,值得我们借鉴。

五、从宏观评价体系看体育课程

所有以上的这些差异,我想是跟国情相吻合的。当前我国在实施新一轮的课程标准,围绕青少年的体质健康强调每天一小时的在校体育活动,要求每个学生掌握至少两项体育技能等等,且我们的体育有中考制度,有些省市的高中有体育毕业会考或素质测试。而北美一些国家对学生体质测试没有统一标准和要求。事实上,在美国的一些学校,有些7到12年级、9到11年级的体育都是选修课程,所学内容也没我们多,自主性比较强。尤其是他们的课程中包含了人体生理、运动生理等内容,且所占比重较大。所以,评价的标准倒过来指挥着我们的课程设置,也决定了我们的课堂教学内容的选择。对初中教学来讲,更是难度大,《国家学生体质健康标准》的测试、中考指标等让每所学校、每位老师不敢懈怠,课堂上大多的时间用来提升学生的身体素质,所以我们对运动负荷都有一些明确的要求。此外,初中课程没有高中明显的模块要求,内容相对宽泛,教师在教学内容及安排上也是难以取舍,只能减少单元时数,增加教学内容。如教案上显示,莫的丽老师的排球时数连考核在内是6课时,石冰冰

老师的健美操是5课时,而彼得·哈斯提的飞盘则是12个课时。可以想象,通过12课时的教学,学生可以把飞盘运动掌握得很好,也会让学生强烈地喜爱这项运动。

  前阶段,在引起各大媒体关注的北京中俄小学生足球比赛中,北京地坛小学以0比15输给了俄罗斯伊尔库茨克州少年迪纳摩足球队,这些差距不仅是身体素质的差距,更是技术技能教学的差距。所有这些让国人担忧,也更需要我们体育人深思,我们应该借助新一轮的课改,借助各项政策的推进,更好地为中小学生的体质健康、技术技能的掌握、体育文化素养的提高,提供科学的指导方法,寻找适合我国国情的政策和体制,让未来的体育之路发展得更好。

> 国民素质的提高一定是教育的结果。台湾地区民众的素质如何？他们是如何进行教育的？我带着这样的问题在台湾参访期间寻求答案……

感受教育的美好

——参加海峡两岸中小学教育论坛有感

为了进一步推动海峡两岸基础教育与职业教育的共同发展，深化两岸教育领域的交流与合作，教育部港澳台办自 2007 年以来组织了七届"海峡两岸百名中小学（职业学校）校长论坛"，分别由厦门和台湾轮流举办，该活动已成为两岸教育合作交流的重要品牌。

今年 10 月 20 日到 25 日，我作为江苏省三位代表之一参加了"第八届海峡两岸百名中小学校长论坛"活动，并代表大陆初中组做了《苏州市中小学生体质健康干预的实践与思考》的报告。

本次论坛活动围绕"健康与体育"主题，主要开展了三类活动，即海峡两岸的论坛活动、学生的足球交流活动和参访学校。短短五天时间，大家不仅交流了经验，分享了具体的做法，切磋了球艺，更加深了海峡两岸教师的感情。我也对台湾的体育教育、学校管理和民众素质有了一些了解，感慨颇多。

一、由海峡两岸中学生足球友谊赛所引发的对学校体育核心价值的思考

本次论坛活动中，除了有校长间的交流，还有学生的交流活动，厦门第二中学代表大陆学校与台北的两所高中进行了两场足球赛，全体会议代表全程观看了学生的足球比赛。

最让我感动的是厦门二中与台北清水高中的比赛。由于厦门二中的主力队员都在参加全国中学生足球比赛，加上比赛中有队员受伤，所以这场比赛他们输给了台北清水高中。但是，在我看来，他们在比赛过程中所展现的球艺、良好的身体素质和优良的品质都令人赞叹。从球艺的角度来看,这些学生不管是传球、射门、接球、运球过人、头顶球,还是守门员技术,都很娴熟,控球能力也很强,不愧是来自于足球传统项目学校;从身体素质的角度看,这些学生从早晨8:00多一点就开始热身,一直到比赛结束,持续了3个多小时的大强度运动,但他们依然充满速度、力量和耐力;从个人品质来看,他们在比赛过程中遵守规则,相互配合,即使最后场上只有9个人也绝不气馁。当比赛结束的哨声响起时,从他们失落的表情和眼中隐忍的泪水可以看出他们内心非常难过,但他们没有把这种负能量向外传递,而是手拉手集体跑向观众鞠躬高喊"谢谢校长!谢谢同学!"中午吃饭时,当这些孩子排着队走进餐厅时,所有在场的校长都起身鼓掌,我想这是在场的校长给予他们的最高肯定。

中学体育课堂的核心价值追求是什么?以上的一场足球赛给了我们最好的答案。我想,归根到底就是六个字:"体质、技能、人格"。提高学生的体质健康水平,这是体育课的首要目标,也是最重要的一个目标。提升学生的运动技能水平,这是学生热爱体育、热爱运动的内驱动力;如果学生没有掌握一定的运动技能,必然不能造就学生终身体育的意识和能力。体育运动对团队协作、遵守规则、顽强的意志、崇尚荣誉、健康快乐等品格的培养有着其他课程不可替代的作用;而这些都是健康人格必备的要素,所以我认为体育就是培养学生健康人格的教育。如果我们每一位体育工作者,尤其是中小学体育教师,在体育课堂教学中能紧紧围绕这样三个层面进行科学的、有针对性的教育,那么青少年的身心健康水平必然会提升。

二、由台湾各中小学"家长会长"这个职务所引发的对家校合作的思考

本次在台湾的活动,我们参访了三所学校,台北清水高中(含国中,国中即我们的初中)、国立苗栗农工(相当于我们的职业类学校)、南投县立草囤国小。让我感到与大陆不同的是,凡到一所学校,必有一位家长会长到场,这个家长会长给人的感觉地位不亚于校长。为了搞清楚这样一个职务的重要性,我在讨论环节提出了这个问题。原来,台湾的家长会有着决定校长人选的权利,它是一个稳定而严密的组织机构,涵盖了大中小学,如有老师不称职,家长会可要求校方解聘他。家长会的成员多由家长推举出来,家长会不仅直接参与台湾教育法案的制定,还拥有投票、表决等权利。在中小学,家长会决定参考书的购买,负责组织校外教学活动,家长会还专设交通志愿工、故事志愿工等,负责学生交通安全和学校的晨读。家长会的主要代表一般也是各个学校的主要捐助者,因此他们说话特别有分量。

我想,台湾的家长会制度跟台湾当局的体制有关,是利大于弊还是弊大于利要看站在什么角度看。在台湾各学校参访期间,我喜欢与台湾当地的中小学教师和校长进行交流,我总爱问体育老师一个问题:学生在学校受伤后家长的态度是怎样的?台湾老师跟我讲,学生都有医疗保险,在学校受伤后,家长都知道怎么处理,他们一般都会跟学校说对不起,认为孩子受伤是给学校添了麻烦。这一点,确实让我们感到羡慕。在与校长们的交流中了解到,中小学校长都感到压力很大,且缺少动力,因为所有的工作都是按上级的指示进行,办学过程中受到的限制也很多,所以办学的自主空间很小。由此可以看出,家长会的力量在学校办学过程中是一把双刃剑,在参与学校管理、提供民主决策,且提供经费帮助这些方面是学校所需要的,但过多地约束学校办学的自主性则未必可取。

三、由"垃圾不落地"引发的对国民素质的思考

台湾地区一般的建筑都不奢华,大多建于20世纪80年代,但台湾的大街小巷都很干净。因此,我一直想知道台湾是如何做到"垃圾不落地"的。于是我问了当地的一位蔡老师。蔡老师告诉我这源于上世纪90年代末和本世纪初先后实行的四合一资源回收、垃圾"零废弃"和强制垃圾分类等政策,俗称"垃圾不落地"政策。

据了解,台湾也曾经有过"垃圾大战"时代,很多城市的垃圾满天飞。台湾以前处理垃圾的方式以填埋为主,但到上世纪80年代时已很难找到掩埋垃圾的场地,后经专家论证和社会意见征询,从2000年左右开始,"垃圾不落地"政策首先在台北施行,后推广到整个台湾地区。"垃圾不落地"的具体措施是马路上不设垃圾桶,垃圾车每天定时开到社区门口,

居民听到垃圾车的音乐后自行将垃圾分类倒入车内。如果在非规定的时间乱扔垃圾，会被处以罚款。据介绍，台湾乱扔垃圾的罚款从 1200 元至 6000 元新台币不等，普通民众举报且证据确凿者可得 50% 罚金，有的垃圾检举报人年入最高 300 万元新台币，而台北的"副局长"年薪也就 100 多万元。为了能让这项政策良性运作，后来又实施了进一步改革，规定倒垃圾需用政府统一规定的垃圾袋，由居民自行到便利店等处购买。与此同时，不再收取垃圾费，居民购买袋子的费用就包含了垃圾费。这样，制造越少垃圾的居民购买的垃圾袋就越少，鼓励居民少制造垃圾，体现了"污染者付费原则"。

可不要小看"垃圾不落地"政策的功效，自这一政策施行至今的十余年时间里，台湾每人每日垃圾清运量下降了 50% 以上，垃圾回收率从 20% 左右上升到 50% 以上。在一所中学，我问一位台湾同学："你们怎么能将垃圾分类做得这么好？"他回答说："从小学开始，老师就教我们如何做垃圾分类。小学、初中时，在垃圾分类上，老师对我们的要求一直非常严格，久而久之我们就养成了习惯。"

我想，台湾的"垃圾不落地"跟政策有关，但也跟从小养成的习惯有关。蔡老师骄傲地跟我说他们并不是怕罚款，而是他们习惯了，只要上面有政策下来，且这个政策是为大家好的、为子孙后代好的，他们就严格执行。

叶圣陶先生说过，教育就是培养习惯。我们大陆的垃圾分类回收也已经进行了很多年，但效果并不好，很多举措最终流于形式。台湾地区的"垃圾不落地"或许能给我们一定的启示。

第六篇

学生—学校—家庭—社会

——体育教师对阳光体育的理性思考

"阳光体育运动"是一项旨在促进学生积极参加体育锻炼,提高学生体质健康水平,由学校、社会、家庭多方组织的一体化的体育工作,工作的重点和重心是提高学生的体质健康水平。

作为一名体育老师,应该明白阳光体育运动是在青少年体质不断滑坡的状况下提出的,这就更需要大家进行理性决策,不流于形式。通过政策的保证、制度的完善、每天一小时体育锻炼的落实等,确保青少年的健康成长。

本篇收录了我对阳光体育运动落到实处的理论分析、政策对策研究以及保证效能的思考与剖析。

> 学生体质下降是谁之过？如何让阳光体育运动落到实处？我从学校、家庭、社会三个方面进行了理性的思考，并提出了建设性意见……

对阳光体育运动落到实处的理论思考[1]

为了全面贯彻党的教育方针，推进素质教育，落实第三次全国教育工作会议精神和健康第一的指导思想，把学校体育工作做好、做实，促进青少年学生的健康发展，教体艺〔2006〕5号和6号分别下发了《教育部国家体育总局关于进一步加强学校体育工作，切实提高学生健康素质的意见》[2]（以下简称《意见》）和《教育部国家体育总局共青团中央关于开展全国亿万学生阳光体育运动的通知》[3]（以下简称《通知》），于2007年4月29日10时至11时，由教育部、国家体育总局、共青团中央联合发起的全国亿万学生阳光体育运动全面启动（以下简称"阳光体育运动"）。几年来，在推行阳光体育运动的过程中，我们虽已取得了有目共睹的成就，但毋庸置疑，还存在不少需要改进的地方。此处拟从国家政策保证、基层和学校执行力，以及教育主体三个维度对如何将阳光体育运动进一步落到实处进行理论分析，以期为阳光体育运动的开展和学生素质的提高提供一些有益的启示。

---

[1] 该文发表在中文核心期刊《南京体育学院学报（社会科学版）》2010年第11期。

[2] 《关于加强青少年体育增强青少年体质的意见》，见 http://www.moe.edu.cn/edoas/website18/01/info34001.htm，2007 - 5 - 7。

[3] 《关于全面启动全国亿万学生阳光体育运动的通知》，见 http://www.moe.edu.cn/edoas/website18/56/info24556.htm，2007 - 4 - 26。

一、国家政策的保证：提高阳光体育运动实效性的前提

随着社会的进步和文明的发展，人们对体育属性及功能的认识也在不断深化与升华。学校体育是一种公共产品，这一观念已逐渐成为社会的共识。要深入推进阳光体育运动，政府责无旁贷，必须通过相关政策予以保障。它可让学校有法可依，教师依法执教。因此，政府应该通过立法、拨款、计划、督查等行政措施提供有效保证。

（一）政府的责任所在

首先，政府是保障阳光体育运动顺利开展、学生体质提高的"第一责任人"。现代政治学认为"主权在民"，民众是权力的根本来源，责任与授权是紧密联系在一起的，获得权力的一方必须对授予权力的一方负责，以保证责任的充分合理实现，权力不被滥用。① 政府是公共产品的最大受益者，理应成为公共产品的重要提供者。显然，政府在提高学生体质健康、保障阳光体育运动有效开展上应承担主要责任。

其次，政府要坚持"以人为本"的科学发展观，把提高国民健康素质特别是青少年的健康素质纳入各地全面建设小康社会的总体目标，纳入教育工作和体育工作规划。在具体操作中，应使其制度化，让阳光体育问题引起全社会重视。如今后初中毕业升学体育考试成绩要按一定比例记入中考成绩总分，在高中毕业考试中增加体育考试，将体育考试成绩作为高校录取新生的重要参考依据，对连续两年或者几年学生体质健康下降的省份，要调整其重点高校招生的指标等；在国家就业准入制度中提出体质健康要求。政策的规范、制度的约束会迫使学生重视体育，适应现代生活对体育的新要求，从而养成良好的体育习惯。

再次，政府必须统筹兼顾城市与农村学校体育的发展，统筹兼顾不同区域学校体育的发展，统筹兼顾竞技体育与大众体育在学校的发展，统筹兼顾各级各类学校体育的发展，统筹兼顾学生德、智、体、美的全面发展。在出台政策时，政府要按照现代公平论所强调的差别原则与补偿原则，合

---

① 林顺治《社会学视野下的"阳光体育运动"长效机制研究》，见《山东体育科技》2009年第4期。

理地配置体育资源,即在一视同仁地对待所有人的同时,适当向薄弱学校和弱势群体倾斜。

（二）法律的规范与约束

我国《宪法》明确规定,受教育权是每一个公民的基本权利。为保障公民受教育权的实现,自1986年义务教育法颁布实施以来,我国制定了以宪法为核心,以体育基本法为主干,以行政法规为基础,以部门规章和地方性法规为补充的较全面的公民体育权利法律保障体系。但必须看到,有了这些立法成就并不意味着法治时代的真正到来。由于立法的缺失与执法的不到位,实践中对青少年体育权益的漠视乃至侵犯的现象时有发生。不仅如此,我国现行法律没有明确规定学校对于在校学生权益应当承担何种保障责任,因而又导致实践中学校以种种借口推卸责任,包括体育权在内的学生权益无法得到有效救济。从这点来看,当前要进一步加强和完善体育立法和执法力度。

首先,坚决贯彻《中华人民共和国教育法》《中华人民共和国义务教育法》《体育法》《学校体育工作条例》等有关法律法规以及《中共中央国务院关于深化教育改革,全面推进素质教育的决定》。只有严格贯彻上述法律法规,才能为阳光体育运动的有效开展和维护提供法律保证。

其次,尽快修订、完善《体育法》《义务教育法》《高等教育法》《职业教育法》《教师法》等法律法规,要在对现实充分调研与国内外比较的基础上,适当增加关于"体育"的专门条款。因为从根本上说,学生体质健康下降问题是在我国社会处于转型期所产生的,原有的法律法规在一定程度上表现出滞后性和不全面性,修订、完善原有的法律法规显得尤为重要。

最后,还应考虑制定《农村教育法》《教育投入法》《儿童教育法》《学校法》等法律。我们应该清醒地看到,弱势群体的教育问题实质上是教育权益问题,这就应该而且必须通过制定专门法律来予以针对性的保障和维护,否则对其体育权益的保障很难落实。

二、基层、学校的执行力：提高阳光体育运动实效性的关键

无论是《意见》《通知》的下发,还是颁布并实施《国家学生体质健康

标准》,都显示了国家和政府要大力改善我国青少年体质的决心,并以此作为学校教育贯彻"健康第一"的指导思想,全面推进素质教育的突破口。但阳光体育运动的开展,决策是在上层,落实却要在各个基层教育行政部门和各级各类学校,因此必须加强基层教育行政部门和各级各类学校的执行力。

迈克尔·戴尔说:"执行力就是在每个环节都力求完美,切实执行。"GE 的总裁杰克·韦尔奇说:"一个公司的效率不在它的大楼,也不在它的人员,更不在它的会议,而在它的贯彻力度。"这都是在说执行力,即认真百分百,踏踏实实,一步一个脚印,每一个环节力求切实有效地执行。要强化教育行政部门和学校的执行力,必须充分考虑到环境对执行者意识、心态的影响,还要对执行者进行正确的引导,这样才能使一个规定得以顺利地贯彻执行。①

首先,应加强各个基层教育行政部门的监督力度。监督是执行力的灵魂,很多事情就是因为没有及时监督与控制而错过了解决问题的有效时机,小问题因此变成了大问题。② 阳光体育在国内发展的时间还不长,尽管是有利于我国青少年体质提高的一个有重大意义的有益活动,但是要取得真正有效的发展效果,仍面临许多阻力,不排除有个别教育主管部门和地区形式主义、形象主义情况的存在。为使阳光体育运动日常化、规范化、制度化,进入健康、有序的发展道路,各级教育行政部门要充分调动基层学校的积极性,提供必要的政策保障,广泛开展阳光体育运动。开展阳光体育运动还需建立长效机制,提高学生体质不是一朝一夕的事,也不能急功近利,而是需要长期坚持。③

制度变迁理论告诉我们,任何改革都要面临着路径选择与路径依赖的问题。就我国而言,一项教育改革能否课程化,往往直接影响到它的效力与效果。为了确保阳光体育运动的持续性,需要探索并建立适合本地、

---

① 初淑娟:《执行力管理不力在哪里》,见《施工企业管理》2010 年第 1 期。
② 同上。
③ 于建兰、唐晓怡:《关于俱乐部型体育课教学模式在高校实施状况的分析研究》,见《南京体育学院学报(社会科学版)》2008 年第 5 期。

本校的开展阳光体育运动的长效机制,这就有必要在体育课程设置、课内外活动组织、活动效果评价等方面建立起有效的监督管理体系,建立起教育主管部门与其他政府部门对阳光体育的监督与合作关系,使阳光体育运动能在开展过程中受到严格的监督管理,使学校体育取得良好的发展效果,使阳光体育真正为增强学生体质服务,为发展体育运动服务,为素质教育发展服务。

其次,应加大学校行政执行的力度。学校行政部门,尤其是学校领导是学校与学生发展的领航者,学校行政的好坏,在某种程度上会直接影响学校体育活动开展的成败。在我国现行教育背景下,升学率无形中成了校长们最关心的话题,考试成绩的角逐成了诸多学校行政部门"明争暗斗"的焦点,分数就是学校的办学质量,就是学校的办学效益,就是教师的奖金……由于片面追求升学率,体育在现代教育中呈现萎缩态势乃是不争的事实。为了提高分数,提高升学率,学校体育课程被挤占,课外体育活动浅尝辄止,体育课形同虚设,诸多不良现象成为阳光体育活动的"拦路虎",牵制着学校体育运动的全面展开。周济同志在全国《中共中央国务院关于加强青少年体育,增强青少年体质的意见》教育电视电话会议上说:"学校体育是青少年体育的基础和重点,各级各类学校要由党政一把手亲自负责,把加强学校体育工作摆在学校建设的重要位置,落实学校体育工作经费,加强体育教师队伍建设,中小学要对执行国家课程标准和落实'每天锻炼一小时'情况进行自查,凡属于教学计划中体育课安排不足的,挤占体育课和体育活动时间的,体育课活动量与锻炼强度不足的,要立即予以纠正。"①陈至立同志在《加强青少年体育,增强青少年体质》电视电话会议上指出:"学校要担负起加强青少年体育工作的主要责任,把《意见》落到实处,要切实纠正片面追求升学率的倾向,使学生有更多的

---

① 周济:《立即对确保学生每天锻炼一小时做出具体安排》,见《体育教学》2007 年第 4 期。

时间参加体育锻炼……"①在这样的形式下,学校行政领导重视与落实是阳光体育活动得以生存、具有旺盛生命力的源泉。学校行政领导转变人才培养观念,以素质教育为目标,充分认识到学校体育工作是学校教育的大事,并应建立管理监督机构和规章制度,结合实际情况建立主管校长、教务处、体育部、体育教师与体育委员共同参与的管理网络,对课外体育活动进行管理、监督和组织。通过比赛、达标、运动会等形式进行检查,实行量化评价,形成以评价促进改革、以改革完善评价的良性运行状态,才能把以加强青少年体育、增强青少年体质为宗旨的阳光体育活动落到实处,使广大学生充分享受到体育的乐趣,感受到体育锻炼带来的身心改变,沐浴在体育锻炼的阳光下。

三、教师、学生、家长"三位一体":提高阳光体育运动实效性的保证

人的教育与发展要受到一个系统中多种要素的制约。结构决定功能,只有系统中各个要素存在较好的契合,才能使系统功能达到最大化。青少年的健康成长离不开学校教育、家庭教育、社会教育等三个方面,这几个方面是相辅相成、缺一不可的。因此,要提高阳光体育运动的实效性,还需要教师、学生、家长共同努力,力求"三位一体",形成合力。

首先,重视体育教师的主导作用。体育教师是学校开展体育活动的组织者,在培养学生体育兴趣,养成学生终身体育习惯的过程中起着重要的引领作用。阳光体育运动和学校体育活动、体育课紧密相连,不是另搞一个活动。开展阳光体育运动对体育教师提出了更高的要求,也需要体育教师投入更多的时间和精力。提高体育教师的素质,加强体育师资队伍的建设是非常重要的。要按照教师专业化的要求,并采取有效的措施,全面提升体育教师的专业精神和专业技能。对于教师的专业性问题,国

---

① 陈至立:《贯彻落实〈中共中央国务院关于加强青少年体育,增强青少年体质的意见〉精神,努力开创青少年体育工作新局面——在加强青少年体育,增强青少年体质电视电话会议上的讲话》,见 http://www.jyb.cn/xwzx/jcjy/tyws/t20070528_86516.htm,2007-5-25。

内外已有许多研究,归纳起来主要有:其一,有较广博的科学文化知识与较精深的专业知识和技能;其二,经过较长时期的教育职业训练,掌握教育学科的知识和智慧;其三,有较高的职业道德;其四,有科学规划生涯发展的意识和能力。就推行阳光体育而言,体育教师应是一个身兼说、教、做,能够一专多能、一才多用的复合型人才。实践表明,有了专家型的体育师资,才能实现体育促进人更加阳光的教育价值。为此要进一步改革与完善教师教育体系,从职前与职后一体化、生涯发展各阶段相衔接等方面,科学构建教师培养培训体系,确保体育教师达到上述素质要求。

其次,充分发挥学生的主体性作用。"健康第一"是落实科学发展观的重要体现,也是以人为本、促进人的全面发展在教育中的题中应有之义。① 坚持以人为本,重视学生的主体性参与,充分发挥学生的主体性作用,能够提高学生的学习兴趣,满足学生的个体需求,培养学生积极的学习态度,增强学生在学习过程中战胜困难、勇于进取的意志品质,充分体现学生的自我价值,增强学生的自信心,提高学生对学习的满意度。开展阳光体育运动,切实提高学生体质健康,必须落实到每一个学生身上,所以无论是目标的制定、教学过程的设计,还是教学组织形式的选择,都要突出学生的主体地位。就本论题而言,突出学生的主体地位,集中表现在任何一项工作的开展都必须结合学生身心特点,在各种感性活动中创设让学生充分展现自己运动能力的舞台,使他们的个性得到充分发挥,达到增强体质、愉悦身心的目的。

再次,发挥家庭的教育功能。家庭是学生的第二课堂,家长的体育行为、体育观念和体育意识对学生具有非常重要的作用。世界上许多国家,尤其是西方发达国家的学生,社区都是他们参与体育锻炼或是运动竞赛的重要场所,而父母与子女同时锻炼的家庭体育则是社区体育的重要内容。但在中国,受"望子成龙""文化学习第一"观念的影响,许多家长尤其是独生子女家长缺乏正确的教育观、健康观、成才观。我国自改革开放以来社会迅速发展,国内外教育的信息冲击使得"望子成龙"的观念在国

---

① 刘海元、袁国英:《关于开展阳光体育运动若干问题的探讨》,见《体育学刊》2007年第8期。

内迅速蔓延，为了子女成才、为了子女将来能更好就业，家长重视孩子的智育、重视文化和职业技能的学习而轻视孩子的体育，重视孩子的营养而轻视孩子的锻炼。在上述观念的影响下，许多学生除了在学校接受"应试"教育，回到家中还要接受家庭的"应试"教育。学生在家庭中除了吃好就是要学好，不在校的时间也是在做作业、上各种各样的辅导班中度过，青少年在有良好营养、良好文化学习、缺乏体育的畸形环境下成长。家长有意识地让学生参加体育运动、增强体质的很少，普遍认为"只要孩子学习好，其余的都不重要"，这就使得青少年肥胖、近视程度大大增加，耐力、速度、灵巧等方面全面下降，这一状况令人担忧。要改变就必须通过家校合作等途径，引导家长更新观念，树立身体乃是本体的现代教育观。

综上所述，生命在于运动，快乐源于体育。学生拥有健康的身体，是好好学习的保证，也是国家强大的基础。倡导积极的阳光体育运动是有必要的。当前，要把开展"亿万学生阳光体育运动"作为加强学校体育工作的战略举措，培养具有强健体魄、健康心理、坚强意志、昂扬精神和生动活泼面貌的青少年一代。这关系着国家和民族的未来，是全党全社会的大事，让我们努力再努力，落实再落实，不断开创学校体育工作的新局面。

> "阳光体育运动"政策的执行是否有实施对策？通过研究分析，我的想法是……

"阳光体育运动"政策执行的对策研究

"阳光体育运动"是通过阳光体育运动，促进各级各类学校形成浓郁的校园体育锻炼氛围和全员参与的群众性体育锻炼风气，吸引广大青少年学生走向操场，走进大自然，走到阳光下，积极参与体育锻炼，提高体育健身意识，培养体育锻炼兴趣，形成体育锻炼习惯，有效地提高学生体质健康水平。① 2005 年全国学生体质健康调研得出部分指标，如学生的视力不良率呈居高态势，城市学生肥胖比例明显增多，部分农村学生营养不良等，严重影响了中华民族的未来发展。国务委员陈至立提出："长此下去，则民族虚弱，国无可用之兵，必将直接影响到中华民族的伟大复兴。"②在此前提之下，学生"健康第一"的指导思想被提上重要的议事日程。2006 年 12 月 23 日，我国第一次全国学校体育工作会议提出了《关于进一步加强学校体育工作，切实提高学生健康素质的意见》，会议通过了由教育部、国家体育总局、共青团中央联合倡导的《关于开展全国亿万学生阳光体育运动的通知》，2007 年 5 月，中共中央国务院又下达了《关于加强青少年体育，增强青少年体质的意见》，阳光体育的政策体系逐渐形成。

---

① 白凤瑞：《高校开展"阳光体育运动"运动的现状与对策探析》，见《体育与科学》2009 年第 30 期。
② 同上。

一、"阳光体育运动"政策执行对策的意义

一个正确的政策方案转变为现实,必须依靠有效的政策执行。[①] 美国政策学者艾利森曾指出:"在实现政策目标的过程中,方案确定的功能只占10%,而其余的90%取决于有效的执行。"[②]政策执行,顾名思义,是一种将政策内容转化为现实的动态过程。公共政策执行是在复杂的政策系统中进行的社会活动,受到来自执行子系统内部和环境的许多因素的影响与制约。公共政策理论认为,影响公共政策执行的主要因素有公共政策执行主体、公共政策对象和公共政策环境三个方面[③]。《关于开展全国亿万学生阳光体育运动的通知》颁发实施四年来,为了有效地执行这项体育政策,各级政策主管部门采取了多种措施。但是由于受到各种因素的影响,许多学校在实际执行过程中仍然遇到很多困难,导致这项政策的执行效果并不能令人满意。此处将从政策执行主体、政策对象和政策环境三个方面分析"阳光体育运动"政策执行的影响因素,并提出执行的相应对策,从而有助于"阳光体育运动"政策目标的实现。

二、"阳光体育运动"政策执行的制约因素分析

(一)"阳光体育运动"政策执行主体与"阳光体育运动"政策执行

公共政策执行主体,是指负责组织落实公共政策的人员或组织。从"阳光体育运动"政策出台的过程来看,其主体主要包括国家、地方等各级教育、体育行政机构,学校组织及上述机构和组织的相关工作人员。

1. 政策执行组织

组织是"阳光体育运动"政策执行的主要力量和责任承担者,组织功能的发挥情况,直接决定着"阳光体育运动"政策目标的实现方式。目前,我国"阳光体育运动"政策执行组织机构不健全,尤其是基层学校的

---

① 冯火红:《改革开放以来我国地方政府社会体育政策执行研究》,见《体育文化导刊》2006年第11期。
② 张为波、王莉:《试论公共政策执行的阻碍因素及对策》,见《西南民族大学学报》2005年第3期。
③ 宁骚:《公共政策学》,高等教育出版社2003年版,第384页。

执行组织缺乏。同时，建立执行组织的单位，存在政策执行主体的单一性问题，政策执行的权力配置机制不合理，学校承担过多的政策执行的责任，从而易出现政策执行敷衍或执行中断情况。"阳光体育运动"政策执行力不足，导致"阳光体育运动"政策不能得到很好的贯彻执行。

2. 政策执行人员

学校作为教育机构的基层组织，其执行"阳光体育运动"政策的主体主要是指校长、学校行政工作人员和体育教师等，其中校长是影响"阳光体育运动"政策执行力的第一人，体育教师是"阳光体育运动"政策的直接执行者。

校长对于"阳光体育运动"政策的重视程度和行为直接影响着整个学校组织和工作人员，特别是影响着体育教师执行学校体育政策的热情和信心。著名教育家张伯苓早就说过，"不懂体育的校长不是好校长"。

(1) 对"阳光体育运动"政策重要性认识不足。学生的体质健康是我们整个民族健康的根基，是一个民族旺盛生命力的体现，也是衡量国家综合实力的重要指标。学校教育要牢固树立"健康第一"的指导思想，全面贯彻科学的发展观，以"强健体魄、健康心理、坚强意志和创造能力"为人才观和教育观，以开展阳光体育活动作为全面推进素质教育的重要突破口，充分认识学校体育在强身健体、培养情操、启迪智慧、和谐人生、弘扬民族精神等促进青少年全面发展和人才培养方面的重要作用。[①] "阳光体育运动"政策是保障青少年体质的重要措施。然而，现实中部分学校领导、教师对阳光体育政策的重要性认识不足，导致在执行过程中困难重重。

(2) 消极执行"阳光体育运动"政策。"上有政策，下有对策"是我国政策执行中普遍存在的一种行政现象。随着时代的发展，其表现形式越发多样化，导致此种不良现象出现的原因也更加复杂。我国行政决策机制的不科学以及分散化的行政监督机制为"上有政策，下有对策"行为的产生提供了条件，其主要表现为政策敷衍、政策利用、政策附加等。因此，针对此种不良现象的存在，我们必须提出相应的治理对策，在加强我国政策执行力度的同时，逐步完善行政决策机制。

---

① 冯唯锐、徐蕾：《"阳光体育运动"解析及高校实施的策略研究》，见《首都体育学院学报》2008年第4期。

(二)"阳光体育运动"政策对象与"阳光体育运动"政策执行

"阳光体育运动"政策执行的目的是为了增强学生的体质。学生对"阳光体育运动"政策的认同、接受和支持的程度直接影响到这一政策的有效执行。

1. 政策执行对象的被动化

"阳光体育运动"政策的执行还依赖于学生对阳光体育政策的接受程度。但从对学生体育学习行为倾向的调查中可以看到,大部分的学生还不能自主自觉地主动参与体育运动,而受自己的心情、学习情况以及周围同伴的影响很大,导致他们的体育锻炼行为具有很大的随意性。这与阳光体育政策的要求"使85%以上的学生能做到每天锻炼一小时""形成良好的体育锻炼习惯"相去甚远。换言之,当前学生体育学习行为与认知、情感之间的不一致,体育学习积极性的不足是阳光体育政策彻底贯彻执行的一个较大阻力。①

2. 政策执行对象的功利性

素质教育虽已提倡多年,但高考、中考指挥棒的作用依然十分强势,部分学校为了提升自己的知名度或影响力,自觉不自觉地将主要精力放在追求升学率上面。学生成为中考、高考制度的牺牲品,根本无暇顾及"身外之物"的体育锻炼。据调查显示,"66%的学生表示每天锻炼不足一小时,接近44%的小学生睡眠达不到规定标准,有34%的小学生和19.64%的中学生表示课业负担重。其中每天作业量超过3小时的中学生人数占到了12.48%"②。在高考指挥棒的指引下,阳光体育运动政策的执行已经被大打折扣。

(三)"阳光体育运动"政策环境与"阳光体育运动"政策执行

政策环境是政策运行的外部条件,良好的政策环境是特定的政策实现最终目标、取得最大绩效的前提。政策环境可分为宏观环境和微观环境。与"阳光体育运动"政策执行密切相关的宏观环境主要有社会经济

---

① 罗建河、沈琼:《从学生体育学习态度的视角看我国阳光体育政策执行的阻力》,见《当代教育论坛》2008年第11期。

② 曹荣芳、周光辉:《"阳光体育运动"相关政策及实施现状探究》,见《教学与管理》2009年第6期。

状况、教育体制、制度条件等,微观环境主要指政策执行中的经费、场地、信息渠道、家长等。

1. 应试教育体制的制约

由于升学的压力,学生大多体育锻炼时间不足。素质教育虽已提倡多年,但高考、中考的指挥棒作用依然十分明显,一些学校为了提升自己的知名度,自觉不自觉地将主要精力放在追求升学率上面。学生成为中考、高考制度的牺牲品,根本没办法考虑体育锻炼的问题。

2. 配套政策的缺乏

文献资料研究显示,从全国亿万学生阳光体育运动启动以来,全国各省市教育部门积极响应号召,制定了阳光体育运动实施方案,如《陕西省开展学生阳光体育运动实施意见》《江苏省千万学生阳光体育运动实施方案》《北京市学生阳光体育运动实施方案》《唐山市学生阳光体育运动实施方案》等等。这些方案与实际操作之间还存在很大的差距。据调查显示,许多学校实际实施、推广起来仍然存在很多困难。

3. 体育经费投入不足

经费投入不足,限制"阳光体育运动"的开展。要全面开展"阳光体育运动",场地、器材、设施等必备条件缺一不可,需要国家投入相应的资金予以支持。但是,由于我国总体的经济发展水平不均,以及国家对竞技体育的重视,导致各地投入学校体育的经费远远不能满足学校所需。

4. 场地设施不完善

据调查发现,制约学生参加体育健身的主要因素为学业负担、锻炼场所、自由时间、锻炼常识和健康状况,其中场地器材问题是制约学生参加体育活动的首要因素,活动场所现状决定了学生体育活动的现实质量。通过对"体育健身场地与器材的满意度"调查显示,3.7%的学生表示很满意,53.3%表示较满意,41.6%表示不满意,1.4%表示无所谓。由此可见,学校体育场地器材的不足,是阻碍"阳光体育运动"发展的一个瓶颈。①

5. 信息渠道不畅通

政策制定与执行缺乏公众(学校、家长、学生)参与机制,使得"阳光

---

① 曹荣芳、周光辉:《"阳光体育运动"相关政策及实施现状探究》,见《教学与管理》2009年第6期。

体育运动"政策措施的出台,更多反映的是官方的意图,而不易得到学校及学生的配合;政策执行缺乏信息反馈机制,导致政策评估缺少依据,政策效果难以认定。

6. 家长的支持程度不高

学生家长始终以提高孩子的学习成绩为第一前提和必备条件,殊不知保证学习效率的前提是要有强健的身体和饱满的精神状态。在平时的生活中,家长最注重的是孩子的营养摄入和睡眠等,对运动的支持和理解程度不高,甚至觉得让孩子参加体育锻炼没有任何实际意义。

三、"阳光体育运动"政策执行的实施对策

(一)整合和兼顾各种利益

国家在体育主管部门制定政策的时候要有监控。"阳光体育运动"适时提出"达标争优,强健体魄"的目标,正是通过广泛开展学生喜欢的体育运动项目,不断丰富课外体育活动的形式和内容,最终实现"每天锻炼一小时,健康工作五十年,幸福生活一辈子"的终极目标,是人们对体育功能理性的、正确的诠释。但是在具体实施过程中,各级各类学校要根据学校的实际情况,如学校的师资配备、场地条件、领导的重视程度等去做适当的调整和安排。在落实和执行政策的时候要通过宣传等手段让家长理解政策的用意,以及对孩子的重要性。

(二)加强对"阳光体育运动"政策的认知力度

通过对《关于开展全国亿万学生阳光体育运动的决定》等相关文件的理解,认识到"阳光体育运动"是在我国青少年体质普遍下降的背景下,由政府部门号召并组织领导开展的青少年学生体育活动。对于"阳光体育运动"的含义以及具体的条例,执行此政策的很多教师和学生以及家长并没有理解透彻,要逐步扩大认知政策的人群范围,以利于该政策更好地执行。

(三)努力提高"阳光体育运动"政策执行者的素质

"阳光体育运动"的政策执行者可分为直接执行者和间接执行者。各级各类学校主管体育的校长对体育的理解和重视程度直接影响该校"阳光体育运动"的政策执行情况。而体育教师是在领导的授意下去执

行政策,他们要对政策有深入的理解,然后在具体实施中进行操作。要对他们进行适时的培训,提高他们的业务能力,以期更好地执行政策。

(四)推动制度创新,健全"阳光体育运动"政策执行机制

针对"阳光体育运动"政策执行健全决策机制。采纳学校、学生及其家长社会组织共同参与决策,可以利用网络和政府上网工程,搭建决策部门与学校、教师、学生、家长等交流的平台,听取来自各方面的意见和建议,提高政策执行的科学性和可行性,健全监督机制。在执行政策的同时要及时创新、提高,适时发展。

(五)营造良好的政策环境

在现有的经济发展水平之下,研究如何协调发展竞技体育和群众体育,利用互联网等信息手段,开展丰富多彩的群众体育活动,培育全社会的体育意识和体育热情。体育主管部门和教育主管部门要确实认识到学校体育的重要性,并在资金上予以落实,增加对学校体育的资金投入,而且各级部门要有确切的制度保证政策能稳步踏实地执行。

四、小结

从以上分析可以看出,"阳光体育运动"政策执行受到政策执行主体、政策对象和政策环境三个方面的影响,因此,为了更好地贯彻执行"阳光体育运动"政策,需要政策执行主体的多元化,需要政策对象的积极参与,也需要政策环境的保障。"阳光体育运动"政策的执行需要良好运行机制的保障,因此,健全"阳光体育运动"运行机制成为政策执行的重点和难点。

操场悟语

> 在实施阳光体育运动过程中,如何提高活动的效能?是不是有一些规律可循?我结合学校特点提出了几点自己的看法……

有效提高每天一小时锻炼的效能

近年来,随着阳光体育运动的深入开展,各级各类学校深入贯彻"健康第一"的指导思想,认真落实《中共中央国务院关于加强青少年体育,增强青少年体质的意见》,在时间上、场地器材上努力保证学生每天有一小时的体育锻炼时间[①],如按国家课程标准设置了体育课,安排了体育大课间时间,增加了体育设施等,这在一定程度上促进了学校体育的发展。但是,每天一小时活动的质量如何,效能如何,是否符合运动规律,是否具有科学性,对学生的体质健康是否有促进作用等等,是我们当前需要冷静反思的问题。为此,要提高每天一小时的锻炼效能,即通过有效管理,营造良好体育氛围,促使学生提升体育技术技能水平和身体素质,促进青少年的健康成长。

一、坚守"一个中心"

"一个中心"是指以提高体育课教学质量为中心。我们知道,课堂教学是实施课程标准的主要渠道。只有通过课堂系统的教学,学生才能掌握各项运动技术和技能。所以,任何学校和体育教师都应该坚守课堂教学这个主要阵地和主要学习环节,努力提高教学效能。这就需要我们精熟教学资源,主动规划有效的教学环境,塑造良好的锻炼氛围,抓好备课、组织、教学等重要环节,通过各种有效的措施提升学生的锻炼成效,从而提高课堂教与学的能力和效率。

---

① 《体育与健康课程标准》,北京师范大学出版社2002年版。

二、达成"两个目标"

每天锻炼一小时的真正内涵应该是增强学生体质和提高体育技术技能,促进学生健康成长并具有终身体育的能力。因此,提高学生身体素质和体育技术技能水平是我们每天锻炼一小时的核心所在。为了提高这两大目标的达成率,一方面需要我们在内容选择、组织策划、教法学法、自主管理等方面有针对性和实效性,另一方面需要我们通过学习等途径提高以上几个方面的效率和能力,使这一小时的体育锻炼发挥真正的价值。与此同时,学生在锻炼中体验心理感受并形成良好的行为习惯,同样使学生情感、意志方面的学习目标由隐性变为显性,由原则性的要求变为可以观测的行为表征①,一样达到了我们育人的目标。

三、实现"三个结合"

(一)把每天一小时体育锻炼和规范学校办学提高教学质量紧密结合

学校应严格执行国家课程标准,保质保量上好体育课,其中小学 1~2 年级每周 4 课时,小学 3~6 年级和初中每周 3 课时,高中每周 2 课时,严禁任何年级和班级以任何理由减少或挤占体育课时。② 坚持把课堂教学作为增强学生体质、提高学生运动能力的主要渠道。在体育教学中,倡导"提高体育课堂效率,让体育课充满运动特色"的理念,注重通过各种教学手段提高学生运动技术、技能和各项身体素质,确保在各项学生体质抽查、《国家学生体质健康标准》测试以及初三体育中考或高三体育会考中各项指标优异。

(二)把每天一小时体育锻炼和学校的育人目标紧密结合

体育运动对学生身心的发展、心智的启迪、纪律性的加强、荣誉感的培养、责任感的提升有着其他活动不可替代的作用,精心设计和组织符合学生身心特点的体育运动可以让学生的个性得到表达,培养学生成为诚

---

① 《关于全面启动全国亿万学生阳光体育运动的通知》,http://www.moe.edu.cn/edoas/website18/56/info24556.htm, 2007 - 4 - 26。

② 同上。

实、率真、善良、富有同情心与责任感、充满智慧与理性的一代骄子。可见,把每天一小时体育锻炼和学校的育人目标紧密结合,既可以让每天一小时锻炼得到保障,又可以借此达到育人目的。

(三)把每天一小时体育锻炼和学校体育特色紧密结合

学校原有的体育特色是落实每天一小时的最佳平台。有些学校是排球特色学校,这就可以以排球运动为"抓手",开展丰富多彩的各项活动,如增加课堂教学时数,组织校级、年级、班级排球比赛,开展排球知识讲座,请名人到校互动等,让校园处处呈现出排球运动的氛围,更让每个孩子从学校毕业时都能掌握排球技术技能,成为他们终身锻炼的一项技术技能。

以上三个"紧密结合"能在常态下保证每天一小时体育锻炼,起到稳定发展的效应。

四、提供"四个保障"

每天一小时的体育锻炼是阳光体育的核心所在,是指由学校有组织、有领导、有计划地在学校对学生进行体育教学和集体锻炼的时间,主要包括体育课、大课间体育活动和课外体育活动的时间。

(一)时间保障

提高每天一小时锻炼效能时间的保障是显而易见的,没有时间保障就没有"一小时"概念,这就要求学校把学生的锻炼时间还给学生,要把体育课、体育大课间、课外体育活动等列入课表,不得有任何部门减少或挤占锻炼时间。学校教务部门尤其要严格把关,明确责任事故,确保学生能有时间的保障。

(二)场地保障

我们知道,为了达到健康的目的,用以健身的方法很多,有些需要器材,而有些是不需要器材的,如跑步、素质等,所以相比较而言,场地的保障比器材的保障更重要。一些学校的体育教师认为必须要有充足的体育场地和设施才能开展一小时体育锻炼,没有主动积极地去开发资源,坐等上级的安排或设计,并把一些责任归咎为学校的不支持等。事实上,每个学校、每个体育教研组都可以根据学校的情况,发挥主观能动性,充分利用操场、走道等,满足学生活动的需要。

(三)内容保障

有了时间保障,科学有效的锻炼内容是关键。选择安排好的内容有时能起到事半功倍的效果。一方面,要根据场地的情况合理安排内容,另一方面,要根据学生身心特点合理安排内容。要避免学生到了操场没有活动内容或内容枯燥无味,锻炼价值不大的事情发生。因此,在内容安排时还要看这些内容的群体或个体的针对性,是素质类还是技术类。总之,内容的安排要科学合理才能提高锻炼的效能。

(四)安全保障

没有安全保障就不能谈锻炼效能。所以,在思想的重视、内容的安排、场地器材的选择、准备活动的充裕、锻炼的强度、气候因素等方面,学校和教师要充分考虑安全问题。

五、强化"五个必须"

(一)必须有组织

学生的在校时间是有限的,一小时的体育锻炼时间也是稍纵即逝。一节45分钟的体育课,最需要避免的就是费时无效的队伍调动、冗长不清的讲解。一个25分钟的体育大课间,如果进场和退场需要花费10多分钟,加上一两分钟的整队,那用于真正运动的时间就所剩无几,这是不可取的;安排的课外活动,学生到场拖拖拉拉,活动没有质量,学生三五成群、谈笑风生,这同样是要遏止的。因此,要充分利用时间,精心组织是必需的。这就需要学校方方面面的配合,不仅体育老师要到位指挥,政教、教务、班主任等都要配合密切,确保组织的高效性。

(二)必须有秩序

这个有秩序,不仅表现为时间、空间上的有序,什么时候上课、什么时候做操等列入了课表,人人皆知,更表现为现场操作上的井然有序,包括入场退场的路线安排,路远路近的前后队形等,在全校性的体育活动过程中,有序是第一位的,没有良好的秩序则完成锻炼内容的目标必然会落空。

（三）必须有趣味

兴趣是最好的老师。经常进行同样的活动，学生会厌烦，会失去兴趣，其锻炼价值也会降低。只有不断地翻新，不断地发展，活动才会有生命力。不管是体育课还是大课间，所安排的内容、所进行的教学方法必须符合学生的身心特点，符合运动规律，让学生喜爱，让学生接受。对中小学生来讲，比赛是最能激发学生热情的措施，因此，"以竞赛促锻炼，以锻炼促健康"不失为很好的方法。如果学校一年四季都能安排各种类型的小型竞赛活动，并形成学校的常规工作，则一定会起到事半功倍的效果。

（四）必须有负荷

体育跟文化课的不同之处是需要有一定的运动量和运动强度才能达到锻炼效果，所以不管是45分钟的体育课还是25分钟的大课间，要尽量安排一定量的练习。负荷要遵循学生身心发展的规律，遵循人体运动的变化规律，符合中小学生身心发展特点，并要根据季节的变化进行调整，真正达到丰富学生校园生活、提高学生身体素质的目的。

（五）必须有评价

如何看运动有效，评价是至关重要的。体育锻炼的评价形式是多元化的。一类是直观地看学生的即时反应，如看学生每次完成练习的任务、学生显性生理指标的变化等；另一类是看一阶段效应，如看学生是否掌握了技术技能，身体素质是否有明显提高等。而所有这些，都必须要有一定的运动负荷才能有达成率。

提高每天一小时锻炼效能，需要学校不断地提高思想认识，体育工作者不断地提高专业水平，提高完成各项工作的能力和效率，从而促进青少年的健康发展。

> 研究表明,一个地区的体育是与经济发展成正比的。那么,发达地区制约学生体质提高的因素有哪些呢?以下是我的观点……

对"发达地区制约学生体质提高的重要因素"的分析

案例描述

在与各地体育教师交流时,许多教师提出,不发达地区体育师资和场地器械的匮乏是影响学生体质水平的重要原因之一。一些地区上级部门不重视、课程设置不健全、学生没有基本的活动场所、体育专职教师严重不足等,制约了学生体质的提高,影响了学生的身心发展,严重影响了未来建设人才的质量。那么,对经济发达、体育师资丰足的一些地区来讲,学生的体质就明显强健了吗?答案是否定的。究其原因,发达地区影响学生体质的主要因素有哪些呢?

案例分析

随着新一轮课程改革的推进和全国阳光体育运动的全面实施,一些发达地区和城市积极响应,不断实践,行政主管部门高度重视,完善了体育基础设施,按要求开足开齐体育课,对每天一小时的体育活动也做出了相应的要求和安排,按标准要求配备了体育教师,并相应提高了体育教师的待遇……这些现状的改变,从理论上讲应该能有效地提高青少年的体质,但事实上我们发现,学生体质的提高幅度还不容乐观。我认为,学校和家长所面临的"升学压力"始终是制约青少年体质提高的主要因素。

对一所学校来讲,教学质量是生命线,升学率是学校的生存依据。记得有一位校长在召开全校教师大会上讲过这样的一句话:中考和高考考好了,你跟我谈在素质教育实践过程中所做的努力,大家都会认可你;中考和高考考不好,就不要跟我大谈你在素质教育方面所做的努力,因为那已没有了说服力。这位校长说出了在当前教育体制下的内心话。

目前,教学要评估、升学要考试、考试要排名等,加上学生的自主管理能力不强、缺乏学习主动性等现状是任何一所学校都在面对的现实。在这样的情况下,必然会导致我们的校长、我们的老师和我们的家长都会关注孩子的文化学习和考试。

学校方面,在各种评优评先、政策待遇,甚至工作"饭碗"等方面,首要考虑的就是在学生考试中取得优异成绩的老师,不管这个老师成绩的取得是占用了学生多少休息时间,也不管这个老师是否占用了其他学科老师的时间,往往只看结果不看过程,只看分数不看学生的不满或学生的体质。这样的导向给了许多年轻老师一种价值的判断,中午、课间、自习课、艺体课、放学后、休息日都有我们这些老师忙碌的身影。与此同时,其他一些教师也不甘落后,纷纷抢学生时间,从而使我们的阳光体育活动大打折扣,严重影响学生体质的提高。

家庭方面,为了能让孩子读一所好的学校,也为了为人父母的尊严,许多家长都把孩子的文化课学习排到了第一位。大部分家长关注更多的是今天语文课学了什么,数学课学了什么等,很少有家长会关心孩子的体育课学了什么,抑或是一周有几节体育课。如果孩子放了学在学校多玩了一会,还会受到家长的批评。周六周日更是给孩子排满了学习计划,学校不能补就到外面去补,外面不能补就请到家中补。孩子的疲倦、孩子的心态、孩子的亚健康状态被一次次文化课考试的成绩所替代,孩子没有责任心、没有感恩之心、动手能力差等问题很多家长"视而不见",常常用"年龄还小或懂事还早"来自我安慰。自中考增加了体育考试后,家长对孩子体育的关注和支持有了明显的改变,但更多的原因也是为了中考的总分。家长这种"文化主导下"的心理排斥同样是影响学生体质提高的重要因素。

为此,新形势下要进一步提高青少年体质,制定科学合理的评价内容和指标、提高课堂教学质量、强化家庭健身意识,是我们亟待研究的重点。

第六篇 学生—学校—家庭—社会

> 苏州的学校体育工作在全省乃至全国领先,苏州是如何来干预学生的体质健康的呢?通过研究与分析,我对苏州教育的一些做法进行了提炼与总结……

苏州市中小学生体质健康干预的实践与思考

青少年学生是祖国的未来,民族的希望,他们身心健康,体魄强健,意志坚定,充满活力,是一个民族旺盛生命力的体现,是社会文明进步的标志,是国家综合实力的重要方面。然而,1985年至2005年间五次大规模的中国学生体质与健康调研显示,中国青少年学生在身体形态、生理功能和身体素质的多个指标上呈现出不同程度的下降现象,部分指标的下降倾向呈加速趋势。这引起了党和政府的高度重视和社会各界的广泛关注。为此,党中央、国务院从培养中国特色社会主义事业的建设者和接班人的高度出发,出台了《教育部国家体育总局关于进一步加强学校体育工作,切实提高学生健康素质的意见》《教育部国家体育总局共青团中央关于开展全国亿万学生阳光体育运动的通知》《关于进一步加强学校体育工作的若干意见》等一系列政策性文件,开展了形式多样的推进会和督查等,旨在从政策和行政的层面对学生体质健康进行干预,从而增强青少年的体质健康。

苏州市为了能有效监测不同年龄段学生的体质健康,以江苏省学生体质健康促进研究中心建立的省级监测校为样本,每年都通过所测的数据进行分析比对和研究,并提出建设性意见发到各所学校。以2013年为例,苏州市中小学生体质监测结果突出反映了存在的四个主要问题:乡村初中生超重、肥胖问题赫然突出;城市小学男生和乡村中学女生握力较差;部分中学男生力量素质较差,乡村小学生柔韧性素质较差;乡村初中男生和乡村高中生近视率较高。如何采取有效手段提高中小学生身体素

质成为我们大家共同关注和研究的重要课题。

一、加强行政部门的政策力度和监督力度

影响青少年体质健康水平的因素是多方面的,其中政策导向和推进落实是关键。为此,苏州市教育局一方面通过文件和会议等形式要求各级各类学校严格执行每天一小时体育活动,通过评比、展示、评估等方式来进行监督;另一方面通过减轻学生的学业负担等一系列举措,把体育还给学生,提高学生的健康水平。

1. 减轻中小学生学业负担

近年来,苏州市教育局遵循教育规律,对义务教育阶段入学政策不断进行改革,围绕减轻学生学业负担这一主题,取消了"小升初"考试,小学毕业一律就近入学,大大缓解了小学和初中阶段学生的升学压力,给了学生更多体育锻炼的空间和时间。

2. 构建学生绿色评价体系

对学生的评价不再以学业成绩作为核心指标,而是逐步实施学生综合素质评价制度,以"立德树人"为目标的课程改革的推进,激发了学生、家长和学校推进素质教育的积极性。

3. 完善学生体质测试评价体系

在已有的体育中考和高三学生体质健康测试的基础上,每年对小学五年级、初中二年级和高中二年级的学生体质进行抽测,并建立了科学、合理的从小学、初中到高中的一系列体质测试评价指标。以评促练,推动了学校体育的建设和发展,提高了学生的体质健康。

4. 加强学校体育督导和检查

通过明察暗访,及时公布学生体质健康抽测情况,并把体育成绩纳入学校办学绩效的考核指标,激发了各校重视学校体育的热情。

5. 加大学校体育投入

通过"体育建设年"等行政举措,加强学校场馆设置的建设,充分挖掘体育运动资源,为学生的运动提供物质保障。

二、提高基层学校的执行力和体育工作者的教学水平

各项政策的落实,决策在上层,落实却在各级各类学校,因此基层学

校的执行力和体育工作者的教育教学水平是加强体育工作、提高学生体质健康的核心因素。

1. 注重体育课堂教学质量

体育课是实施体育教学的主渠道,因此,提高课堂教学的有效性是重中之重。为此,各级各类学校深入开展课堂教学研究,依据新课程标准"健康第一"的理念,以中小学生能掌握 1~2 项终身体育技能为目标,优化、整合、提炼中小学课堂教学内容,加强田径、体操、球类等教学,明确把"身体素质课课练"作为课堂教学的必练内容,大大提高了体育技能的教学质量,有效发展了学生的体能。

2. 积极开展体育大课间活动

各级各类学校在严格执行课程标准外,每天安排大课间体育活动,注重运动量和运动形式,充分挖掘、提炼具有苏州文化特色的体育大课间活动模式,呈现出了百花齐放的良好局面,大大丰富了学生的校园生活,促进了学生的身心健康。

3. 提升体育教师专业水平

苏州市成立了教师发展中心,体育教师梯队建设形成特色,如新入职教师除所在学校有师傅传帮带外,教育局统一聘请名师作为导师,让每一个新教师一入职就有一个高起点;名师共同体建设进入第二轮,教育教学研究有新的突破;体育中心组增加了骨干力量,加强了教育教学的研究等,体育教师的专业水平有了明显的提升。

4. 强化小学和乡村学校的体育

小学体育和乡村体育相对城市中学来讲要弱很多。为此,苏州市教育局以课题为抓手,通过加强对小学和乡村学校的调研,召开现场促进会,举办各级各类培训、基本功竞赛,开展论文评比等,整体提高体育教学课堂的有效性和体育教师的专业水平。

5. 以赛促练,提高学生体育锻炼的积极性

一方面,教育行政部门积极组织市中学生田径运动会以及中学生篮球、排球、足球、乒乓球、健美操、冬季三项、身体素质等比赛;另一方面,各级各类学校每年组织春季校运动会和冬季三项比赛,在运动会项目的设置上,不仅有传统的单项,还增加了参与人数众多的集体项目,如迎面接

力、齐心协力跳长绳等。此外,各年级还有班与班之间组织的篮球比赛、拓展训练等。这些均大大提高了学生体育运动的热情。

三、学校、社会和家庭多方联动

家庭是学生的第二课堂,家长的体育行为、体育观念和体育意识对学生具有非常重要的作用。世界上许多国家,尤其是西方发达国家的社区都是学生参与体育锻炼或是运动竞赛的重要场所,而父母与子女同时锻炼的家庭体育则是社区体育的重要内容。

1. 节假日开放体育场馆

通过媒体宣传和家校联系,公布学校节假日体育场馆的开放时间和要求,营造体育运动氛围,把学生从书本和网络中引向操场,丰富了学生节假日的体育生活,促进了学生的健康。

2. 布置体育作业

对中小学生来讲,双休日和寒暑假的时间约占全年的40%,这个40%的时间如果不能很好地利用,缺少监管,那么必然会妨碍体育活动的开展,从而影响青少年的体质健康。一方面,学校利用家长的力量共同监管:放学前召开家长会,发放假期体育锻炼作业,包括游泳班的培训、家庭体育锻炼的内容等,强调家长签字;另一方面,一开学学校就进行相关项目的测试,以了解学生在假期中的锻炼情况,计入学科总评,作为评定各类奖项的依据等,取得了一定的效果。

3. 家长参与学校管理

成立了家长委员会和家长学校,每学期向家长开放,让家长参与到学校的教育教学管理。

在政策的保障和监督下,在各级各类学校的认真实施和体育教师的努力下,近年来,苏州市中小学生的各项体质健康指标出现积极的变化。初中学生在力量、速度、灵敏等方面有了明显的提升,高三学生体质测试成绩在省内名列前茅,苏州市中小学生的体质健康水平有了一定程度的提升。

附录

> 2012年,应《中国教师》杂志邀请,我接受了关于体育课程标准2011年版的访谈,访谈内容如下……

2011年版体育课程标准访谈录

问:近几年学生突然昏倒在操场的情况时有发生,您如何看待这一现象?

蒋玉红:这一现象这几年时有发生,也引起了社会各界的关注和热议。我个人认为,学生突然昏倒在操场上只是在当前学生体质下降的情况下给大家敲响的警钟。有很多种因素可能导致学生突然昏倒:体内能量缺少、天热中暑、长站久坐、体虚及患有疾病等。我们要透过"昏倒现象"探究其发生的深层次的原因。我认为,学生身体素质下降的客观事实应是主因之一。

我在教学一线工作已有二十多年,有过多所初、高中学校任教的经历,学生在操场上突然昏倒的现象也只是偶有发生,但学生体能和运动素质的下降却是不争的事实。我曾对任教的20年前、10年前的学生和现在的学生做过对比,学生的运动素质指标差异较大,其中,灵敏、速度素质差异不明显,且灵敏素质呈上升态势,但耐力和力量素质明显呈下降趋势。对比同一学段的学生,同一教材、同一容量的教学内容,现在的学生常常传递给老师一个信息:"没力气了!"当究其原因时,一般回答都是"睡得太晚了"。

睡得太晚也有很多种原因,一种是大部分学生认为作业量大。对初高中学生来讲,中考和高考的压力毋庸置疑,一考定终生,为此,有些家长已把关注重心前移到了小学、初中。很多家长认为,中考的成功与否已基本决定了孩子未来的命运,如果能考取重点高中,那么考取大学指日可待;如果考不到重点高中,那么就认为是家长和孩子的失败。正因为有了这样的想法,学习成绩就成了家长们心中的一个重要标杆,只要孩子成绩好,其他诸如身体素质、动手能力、道德素养等都可以暂且让路。所以,有些家长在晚上、双休日的时间,不仅配合老师监督孩子完成学校的作业,还要报班补习或另加习题。繁重的学习压力剥夺了学生的运动时间和休息时间。睡得太晚还有一个原因就是部分学生迷恋网络,事实上,只要孩子一尝到网络游戏的刺激,就会如吃了鸦片一样慢慢上瘾。一些家长屡禁不止,无计可施;还有一些家长在为生计奔波,根本无暇顾及子女在家做什么。这些都是导致学生睡眠不足从而导致体力不支的重要原因。

事实上,这种现象的改变并不是不可能,一方面,学校和家庭要改变观念,树立"健康第一"的理念,合理安排好学生的学习任务和作息时间,以保证学生必要的睡眠时间;另一方面,学校要按课程标准开足开齐体育课,每个体育教师要抓好课堂教学,把体育课上出身体练习的课程特质,把学生技能的掌握和体能的提高作为教学宗旨,确保每堂课较高的练习密度。与此同时,学校要重视大课间的质量。这样就能很好地防止学生体质的滑坡。

当然,学生体质下降,不能全由教育工作者来反思,这是一个社会问题,各大媒体曾报道过,如今以车代步、饮食习惯、学习压力、安全因素等都是导致学生体质下降的原因。这里不再一一赘述。

问:近日,国家多部委联合出台了《关于进一步加强学校体育工作的若干意见》,意见中指出,每位学生都要学会两项终身受益的体育锻炼项目,若持续三年学生体质下降,其地区和学校教育工作评估和评优评先将会被"一票否决"。您怎样看待这一举措?您认为这将为体育教学改革带来什么样的影响?

蒋玉红:我认为这是在目前情况下中国特色的较为有效的举措之一。

一个地区、一所学校体育的兴盛,与经济发展的水平有很大的关系,但更与各级部门领导的重视程度有关。我觉得,体育工作的组织是对学校管理工作的挑战,也是对学校德育工作的挑战。事实上,体育工作开展好的学校,其教育教学质量在同类学校中一定也是好的;办学理念先进的校长,一定是重视体育工作的校长。因为学生良好的体质是旺盛生命力的象征,是旺盛学习力的保证。因此,一些真正意义上的名校是非常重视体育工作的,如以我省张家港梁丰高级中学为代表的一些重点高中,体育课或体育大课间活动一直持续到临高考前,他们的教学质量在省内是名列前茅的。

少年强,则国强。青少年一代身心健康、体魄强健、意志坚强,是一个民族旺盛生命力的体现,是社会文明进步的标志,是国家综合实力的重要方面。从2000多年前孔子提倡的"六艺"教育到老一辈无产阶级革命家毛泽东主席的题词"发展体育运动,增强人民体质",从全球性的奥林匹克体育运动到几千年来绵延不息的中华民族传统体育文化,古今中外的无数事实表明,学校体育是促进青少年健康成长的大事,青少年的体质健康水平不仅关系到个人健康成长、家庭幸福,而且关系到国家和民族的未来。毛泽东同志还说过:"体者,寓知识之舍,载道德之车。"离开了学生的健康的体魄,就谈不上德育、智育的发展。在构成学生素质和人才质量的诸多要素中,身心健康是一个基本的要素,与道德品质、学识能力同等重要。因此,《关于进一步加强学校体育工作的若干意见》指出的每位学生都要学会两项终身受益的体育锻炼项目是有其科学依据和价值的。

一项制度的推进,往往都有一个好的出发点,但在执行中由于许多主客观因素的干扰,常常会打折扣,导致虎头蛇尾或有始无终。这其中的原因之一是上级主管部门对地方或学校绩效评估的指标中没有把体育作为重要指标,只要中考、高考成绩好,其他成绩都可以忽略,法不责众,从而导致主要负责人的关注度不够,对体育没有要求。即使有,也是只看形式不看效果。还有就是执行计划的管理部门和一线体育老师对体育课程的研究不够,对体育课程的设置、对体育教学内容的安排和考评自由度大,缺少科学的依据和统一的标准,尤其对技能的学习要么"蜻蜓点水",要么"低级重复",这些导致部分学生高中毕业时都没能真正掌握一项体育技能,也就没能为终身体育打下扎实的基础。

《关于进一步加强学校体育工作的若干意见》中指出,每位学生都要学会两项终身受益的体育锻炼项目,若持续三年学生体质下降,其地区和学校教育工作评估和评优评先将会被"一票否决"。这一举措相信能在一定程度上有效地推动体育课程的实施。我们江苏省有很多城市在几年前就在尝试这样的评估,把学生体质健康的相关指标纳入了学校综合评估和评优评先指标中,且所占权重大,这些地区和学校不仅能严格按课标实施教学,认真落实每天的大课间活动,更能根据地方文化、学校文化创设校本体育特色。相信有国家的政策、地方的执行力和一线体育老师的共同努力,一定能有力地推动体育教学改革。

问:《关于进一步加强学校体育工作的若干意见》要求"积极探索在高中学业水平考试中增加体育科目的做法,推进高考综合评价体系建设"。这意味着体育科目或将进入高考评价体系,对于通过高考这个"指挥棒"来推进学生加强体质锻炼,您认为是否可行?

蒋玉红:内心非常矛盾。

从现状来看,要在较短时期内有效地提高当代中小学生的体质健康水平,我认为,通过强化体育"考试"意识,适度加重体育"考试"的分值比重,加强"考试"的执行度确实是较为有效的方法和途径。

说来有点好笑,我曾在同一个班的两堂排球课上无意中做过一个对比,课的主要教学目标为:学生能牢记"一插二夹三抬臂"的排球垫球技术要领,两人一球能连续对垫三个回合以上。第一堂课进入到学生自主练习、教师巡回指导环节时,我发现学生们并没有像我所期待的那样积极、主动、不浪费一分一秒地练习,而是得过且过,甚至有几个同学练习了几次就在悠闲了。无意中,我还隐约听到有一学生在讲:"排球不会考试吧!"正是这句话给了我启示,第二堂课时,我要求还是一样,只是多加了句话:"排球垫球要考试的!"就这么一句话,我可爱的学生们所表现出来的积极性、主动性与前一次课有很大的反差,学生们专注练习,相互探讨,甚至还有小组因同伴达不到要求、配合不顺而相互埋怨,我每巡视到一处,都有学生问:"老师,帮我们看看对不对?"呵!我们的学生对"考试"还真有本能的反应。由此,我感慨,决定一个人发展最高境界的不是技能、方法,也不是知识,而是观念和理念。所以,只有当每个人都形成了一种观念,并把这种观念融入自己的学习和生活中,成为一种自觉的行为,那才是最高的境界。

这也是我的矛盾心理所在。

我曾有幸考察过美国、加拿大、澳大利亚、日本的学校，我感到这些国家与我们国家在体育观念上最本质的区别就是体育已经成为他们的一种生活方式，或者说是一种生活习惯、一种生活态度。他们学校虽有平时的体育考试，但不会当作毕业或升学的依据，也没有大肆渲染体育的兴盛、学生体质的强弱对全民族未来发展的影响力，因为体育已成为大众心中的一种生活方式，犹如吃饭穿衣一样不可缺少。

任何一项政策的落实或任何一种观念的改变，在一开始一定需要通过行政手段来进行助推。《关于进一步加强学校体育工作的若干意见》要求"积极探索在高中学业水平考试中增加体育科目的做法，推进高考综合评价体系建设"，这也是当前形势下无奈但是有效的举措之一。但是，高中学业水平考试中增加体育科目需要有一个完善的操作与评价机制，避免出现部分地区体育中考所带来的一些弊端，即只练考试科目，走入应试误区，有悖素质教育宗旨。因此，在项目设置和评价标准上要客观和可行。此外，要因人而异，对一些因遗传或其他原因导致的体弱多病、意外受伤等原因不能正常考试的学生要有相关规定，不能因为其受影响的体育成绩影响学生一生的发展。

问：作为体育与健康教学改革的重要环节，体育与健康教学评价一直是衡量体育教学水平的重要手段，您认为怎样的教学评价才能更好地保障体育与健康课程的顺利开展、更适合学生的健康发展？

蒋玉红：体育与健康教学评价确实是体育与健康教学最核心也是最关键的环节，这是体育课程价值观的问题。这个问题与上面的问题其实有相同的内涵。

我认为，既然我们设立了体育中考，又有高中学业水平测试中增加体育科目的意向，那么，与高考一样，最为客观和相对比较公平的就是要有科学性、相对统一的终结性评价标准，但是这个标准要因地区、因学生而异，而且必须要有选考项目和补考机会。至于过程性评价，我始终认为，这可以纳入教学策略和教学管理的范畴。

问：《义务教育体育与健康课程标准(2011年版)》是中小学体育与健康课程的指导性文件，是我国基础教育课程改革的重要组成部分，是对体育课程管理和评价的基础。课标基本理念中，进一步强调了要充分关注

学生的健康发展,帮助学生学会体育与健康学习。一线教师应该如何安排课堂教学才能更好地契合课标的理念呢?

蒋玉红:苏霍姆林斯基曾说过:"如果学生在掌握知识的道理上,没有迈出哪怕是小小的一步,那对他来说,这是一堂无益的课。无效的劳动是每个教师和学生都面临的最大的潜在危险。"我们所倡导的"有效教学"中的"有效"主要是指使学生通过教师一段时间的教学后,所获得的具体进步或发展。也就是说,学生有无进步或发展是教学有没有效益的唯一指标。因此,对每一个体育老师来讲,既要关注学生眼前的利益,更要关注学生未来的发展,这个未来的发展更确切地说就是要教会学生体育的基本知识和技能以及锻炼的方法。

我认为,不管是小学体育课还是中学体育课,课堂中最基本的元素必须要有技能的教学、体能的发展和相关体育道德和体育基本知识的渗透,只是每个年龄段学生教学的目标高低不同而已。以义务教育阶段 45 分钟的课堂为例,一般主教材技能的教学时间比例应该占全课的 60% 左右,而高中教材根据模块的需要及学生水平的不同,技能教学的比例还可以进一步增加。作为体育老师,不仅要教会学生技能,更要告知学生锻炼的方法,让学生"知其然,知其所以然"。如把长跑练习时出现"极点"是什么原因,克服的方法是什么告知学生,学生就不会感到害怕;投掷项目教学中向学生强调"超越器械"是为了加长工具距离,提高出手的初速度,学生就会明白其中的道理;素质练习时,告知学生必须要有一定的量和强度才能达到锻炼效果,所以要重复练习多次;等等。

北京师范大学体育课程教学研究团队把运动技术按"会能度"进行了分类,给了我们很好的启发,但基于体育学科的特殊性,不管是"会"的还是"不会"的,抑或是"介于中间"的,只有不断练习才能达到目标,所以中学生自主练习能力的提升也是一堂课的重要环节,这既能让技能得到巩固,又能提高学生能力。

此外,作为体育老师,安全教育应该也是必备的技能,场地、器材、准备活动、方法正确等都是安全的保障。不仅如此,对运动损伤的预防也要有所了解。有一次看一堂小学体育课,在接力跑中一学生摔倒,在不明原因的情况下,体育老师和学生一次又一次地试图把摔倒的学生拉起来,如果这个学生真是骨折了,那么硬拉会导致二次损伤。所以,在课堂教学中需要注意的环节很多,需要教师更关注学生的技能和知识的掌握与运用。

问:2011年版课标已经进入了实施阶段,但仍有部分教师对课标不熟悉。如何让一线教师更多地接受课标培训,理解并实施课标,您能否提供一些建议?

蒋玉红:从我为各级各类体育教师的培训中了解到,许多老师对2011年新版课标确实不熟悉,究其原因主要是因为信息传递、培训内容、体育教师意识和考评上有很多误区或不到位。为此,我个人建议如下:

(1)信息传递要声音一致。相关的体育参考书籍、网络资料等传递的信息仍然是百家争鸣,没有一个主旨的导向,课改前和课改后的一些标准没有统一的解释,学生用书和教师用书非常宽泛,对一些走上工作岗位时间不长的体育教师的指导性还不强。任何一位教师的成长一般都是从掌握正确的知识并模仿运用开始的,当前情况下还是需要有统一的标准和要求作引导。

要有切实可行的教学示范课来进行针对性的培训。我们看到,一些示范课、公开课没有点评,没有分析,让一些看课学习者不明所以,要靠自己的理解做出自己的评价。其实这种没有点评的课从某种程度上讲是不负责的,是对看课、观摩、学习者的不负责,因为组织方应该让大家知道这是一堂倡导的课还是不提倡的课。因此,在新课标实施过程中,对教师的指导还需要有更多的耐心和方法,更多地关注课堂成效。

(2)培训内容要适合基层。我认为,各级各类培训由行政主管部门组织和参与更为有效,在培训内容和形式上要符合中小学体育老师的特点和实际情况,更多地是想人所想,急人所急,解决一线老师在教学中遇到的实际困难。一线老师最需要掌握的就是方向、方法。方向,一方面指的是课改方向,倡导什么理念,坚持什么原则,到底教什么、教多少;另一方面指的是要把学生教成什么样,达到什么技能和体能水平。方法,就是具体的操作,共性的指怎么备课,怎么上课,如何考核,如何撰写教学论文等;个性的指不同教材怎么处理,不同的学生有什么不同标准,课时目标怎么制订,难点和重点如何把握,具体的教法和学法有哪些等等。此外,一些切实可行的新兴项目的推广同样也是一线体育老师所需的。因此,只有与一线教师密切相关的培训才能引起共鸣，才更有效果。

（3）培训形式要注重实效。一次，在给体育老师做讲座时，我曾提过一个题外问题：你们这几天来参加培训，是作为完成一次学校指定的任务还是希望通过培训来提升自己专业水平的？让人遗憾的是，只有少数人认为是为了提高自己的专业水平而争取前来学习的。这说明，我们的老师内心仍然缺乏学习意识，其深层次原因是体育课与文化课不同，对体育课堂没有一个明确的要求，对体育老师也没有一个明确的要求，他们认为自身的经历或知识、技能对付一堂体育课绰绰有余，无须再提高。江苏各地在各类培训中改变了策略，如必须签到，规定培训时数，培训考核，进行总结评比，最后根据考核成绩和出勤情况再颁发继续教育证书等，这些都是有效举措。

问：基于2011年版体育与健康课程标准的教育改革是广大教师接下来要努力与奋斗的，对此，您还有哪些建议与要求寄予广大教师？

蒋玉红：2011年版体育与健康课程标准进一步明确了体育课程是以身体练习为主要手段，以学习体育与健康知识、技能和方法为主要内容，以增进学生健康、培养学生终身体育意识和能力为主要目标的课程。作为经过体育高等院校专业培训的体育老师，一定要在日常的教育教学中呈现出所教课程的性质和特征，尤其要通过有效的教学手段提高学生的技能水平和各项身体素质，培养学生终身体育的能力，这是体育老师的责任和使命。

教师从初为人师到一位成熟的专家型、学者型教师，需要一个漫长的过程。这一成长过程是敬业精神形成并发挥作用的过程，是教育教学能力不断提高和更新的过程，是不断学习、不断实践、不断创新的过程，是不断实施自我控制、自我调节和自我超越的过程。因此，希望广大体育教师能珍惜每一次实践的机会，通过不断的学习和反思，提高自身的体育技能水平，提高自身的教育教学水平，提高把握教材的能力，不断研究教法和学法。老师们既要把体育教学工作当作一种职业，兢兢业业做好体育教师职责范围内的事，认认真真完成领导交给的各项任务；又要把体育教学工作当作一项事业，有思想、有作为，努力开创体育教学改革和研究的新局面；更要把体育教学工作当作一个追求，勇于创新、敢为人先，有鲜明的个性和独特的风格，与时俱进地去实现自己的信念和人生价值。

2013年,苏州市教育局团委组织学校团委书记对直属学校教授级高级老师进行访谈,作为当时直属初中校唯一的一名教授级高级教师,必然是关注的对象。以下是采访实录……

直属学校教授级高级教师访谈实录

卫燕萍①:蒋校长您好,您是目前市教育局直属初中校唯一的一位教授级中学高级教师,您成长过程中的一些经历、理念一定有值得我们年轻教师学习的地方。今天我想采访一下您,请您谈谈您的一些感受与想法。

蒋玉红:好的。

卫燕萍:您选择教师职业的初衷是什么?为什么?

蒋玉红:呵,当初也没什么太多的想法,只是因为我考取了苏州大学体育系,毕业后就分配到了中学,从此我就做了一名体育老师。不过现在想想,选择教师这份职业是我这一生中最无悔的选择,因为每天与学生在一起,我觉得我一直有一颗年轻的心,不管是什么样的学生我都喜欢,我的学生也都知道我喜欢他们、爱他们;同时,也因为每天与学生在一起,我也似乎每天都在成长着、收获着。所以,我一直说我做老师很幸运也很幸福。

卫燕萍:长期支持您在教育大地上耕耘的动力是什么?为什么?

蒋玉红:要说动力,一开始我只是将之作为一项必须要做的工作,必须要履行的职责。后来是一次又一次的挑战和越来越不可推卸的责任,到现在更多的是感恩的心。

有人说做一名教师每天重复着同样的工作没有挑战性,我不这么认为,反而觉得教师工作的挑战性很强,因为我们做的是育人工作,每个孩

---

① 卫燕萍,苏州市草桥中学校原团委书记、现体卫艺处副主任。

子都不一样,所以,必须用心用情来与学生交流,而如何用心和用情是没有模式的,我总想做最好的自己,所以有无穷的挑战。

随着我自身得到的教育越多,获得的荣耀越高,我就越觉得我应该回报得越多。所以我现在觉得即便用我毕生的精力也无法回报国家、社会、学校对我的培养。我真是这么想的,请不要见笑。

卫燕萍:您对学生的爱表现在哪些方面?能否介绍几个典型的故事?

蒋玉红:细细想来,我对学生的爱与所有的老师一样,表现在每一次设计的课堂教学上、每一次与学生的交流沟通上、每一次的大课间辅导上、每一次与学生的问候上、每一次看学生的眼神上、每一次突发事件的处理上,当然,还有每一次对学生的表扬和批评教育上,等等。我追求与学生心与心相通,也坚信学生能感受到我对他们的爱。我希望我的学生有优秀的品质,能把优秀当作一种习惯;我希望我的学生有做人的尊严,不管他们今后从事什么职业,都能受人尊敬;我希望我的学生能懂得服从也是一种品德,纵然很有个性也要知道做事做人的底线,不做损人利己的事;我更希望我的学生能在我的课上学习到对其终身有益的知识和技能,且能成为一生的财富。

跟学生相处了20多年,跟学生的故事很多,但我觉得都很普通,就简单说说两个小故事吧。

故事一:

你知道,体育课中最容易出现学生穿牛仔裤上课的现象,虽然我在开学第一课就强调了纪律,但总有学生会忘记,还振振有词说穿牛仔裤也能上课。每当这个时候,我总是问其他同学怎么办,有同学说让他跑几圈,有的说让他把裤子脱下来,也有同学说可以将功补过等。这个时候其实是我教育的最好时机,一方面,我会跟学生讲体育课穿运动服是课堂常规和纪律的要求,好比法律法规,也是保证安全的需要,紧紧裹在身上的牛仔裤无法完成大幅度的运动,这时我还会让他们做一些纵劈叉或踢腿的练习,让他们体验因穿牛仔裤无法完成的动作技术;另一方面,我总会跟他们讲美国名将巴顿将军说过的话:"服从不止是一种品德,更是一种责任。如果你不懂得服从,或者打了折扣去服从,不仅会损害团队的利益,甚至会成为潜在的杀人者或自杀者。"我还会利用练习间歇跟他们讲军人服从指挥的小故事。最后,我跟大家达成规则:以后一旦有人穿牛仔裤,那么就自觉接受"嘉奖",即以增加练习量来弥补因服装原因造成的运动质量的下降。如此一来,往往以后的课上此类事情发生的概率就很小,即使有,不用我说,学生们也会自行处理好。

我想说明的是,通过这个故事,我要让我的学生懂得"服从也是一种美德,更是一种责任"的道理。

故事二:

草桥和虎丘合并时,我曾教过原虎丘的初三体育课,这些孩子大多是外地人,但他们简单、纯朴,我同样珍惜与他们相处的机会。记得我当时安排每周三的体育课上有跳绳练习,但我发现浓眉大眼、身材健壮的李同学从不带绳子(学生都习惯带自己的绳子),大家练习时他站着一动不动、低头不语,我说没带绳的就做原地高抬腿,他倒也做了。可是连续两周跳绳练习他都没带绳,旁边学生随口说他"有病",说他从来就没有带过绳,也从来没跳过绳。下课后,我留下了这位李同学,可是无论我怎么问,跟他讲话,他都面带微笑一言不发。由于对他了解不多,也为了给彼此一个台阶,我说:"这样吧!你先回家抓紧悄悄练,下周三课上我看你的表现。"他没说好也没说不好,可我觉得他好像心有所动。接着,我又找老师询问李同学平时的表现和文化课的情况,了解到李同学是外地人,平时数学考试基本都是个位数,似乎脑子不太"灵光"。我想了想,他文化课不行,不表示体育也不行,我想我得来点激将法。

又一周过去了,李同学仍然上课不带绳子,借给他绳子他也不要。课后我故作气愤地找他谈话:"我给了你足够的理解和尊重,你的回报是什么?你觉得这样很酷?你想证明什么?不会老师可以教你,你也应该努力学习。在老师眼里每个学生都是一样的,老师从没放弃过你,你为什么对自己不负责任?今后到了社会上,你也这样证明自己的无能,然后在别人嘲笑中苟且吗?社会会给你这么多的机会和耐心吗?老师最看不起不懂得自尊的人!"不知是哪句话起了作用,我看到他一直微笑的脸变了一下。

又一周的跳绳课,我和所有同学都惊喜地发现李同学带了绳子,而且在课上也跳了起来,虽然当时一分钟才跳了40个,但确实让我很高兴,大

大表扬了他,他也露出了开心的笑容,我感到他的心与我接近了。

通过这个故事,我想让我的学生明白,人要有尊严地活着,这个尊严不是别人给的,而是通过自身的努力赢得的。

其实我最想说的是,你爱学生一定要让学生感觉得到,而这需要技巧和艺术。

卫燕萍:当您的专业发展遇到阻碍和困难的时候,是什么因素激励您克服的?

蒋玉红:我想是体育人特有一种乐观、坚毅、百折不挠、不畏困难的品质,还有就是追求更高、更快、更强的体育精神的激励吧!我经历过运动训练与比赛,在一次次拼搏、失败、成功的历练中养成了勇往直前的自觉行为。每当我遇到阻碍和困难时,我常常会用"这是在考验我"来激励自己,于是总会静下心来思考,最终寻求一个最佳的方式来克服。

卫燕萍:您认为,优秀教师的核心特质有哪些?为什么?

蒋玉红:优秀老师的特质有很多,如有使命感、感知力、爱心、热情、执着、包容、自信、创新性等,但我觉得核心特质是正确的教育价值观、良好的个人素质、深厚的专业素养、高效的教学能力。

因为对教师而言,只有具备了正确的教育价值观,才会明确目标,才明白要做什么;只有具备了良好的个人素质,才能言传身教,为人师表,无私奉献;只有具备了深厚的专业素质,才能知道怎么做最好,真正做到授业解惑;只有具备了高效的教学能力,才能花最少的时间取得最好的成效。反之,只有不断思考,不断进取,不断创新,才能具备高效的教学能力,这是相辅相成的。

卫燕萍:您的教育理想是什么?能用几个词来概括一下您的性格特点吗?

蒋玉红:我的教育理想是让每一个学生过幸福完整的教育生活。我追求的境界是我的学生在学习时虽很辛苦但很快乐,虽淌着汗但表现出激扬、兴奋、灵动的神情。我的学生能掌握初中阶段应知应会的技术和技能,能有终身体育的意识和能力,有正确的人生观、价值观等,我希望他们的中学生活是完整的。

我的性格特点应该属于感性一类的,可以用真诚、率直、坚韧、执着来概括吧。

卫燕萍:回顾多年的教育生涯,您认为教育是什么?能具体解释一下吗?

蒋玉红:我们草桥的校友叶圣陶先生说过:"教育就是培养习惯。"我也是这么认为并且这么去做的。

教育家陈鹤琴先生也说过:"习惯养得好,终身受其益,习惯养不好,终身受其累。"事实上,习惯是一种惯性,也是一种能量的储蓄,只有养成了良好的习惯,才能发挥出巨大的潜能。我想这是最好的解释吧。

卫燕萍:您认为,哪些主张、认识、观念能代表您的教育教学特色?

蒋玉红:这个问题与上面"对学生爱的表现有哪些"意思相似。我的主张、认识和观念都是建立在爱学生的基础上的。我始终坚持一名教师就是一个德育品牌,教师的一言一行就是德育的最好教材,所以我非常注重在学生面前的身体力行,为人师表。作为体育教学工作者,我始终坚持体育教学应贯彻"健康第一"的理念,体育课与文化课的本质区别是体育课是以身体练习为主的课程,因此教学中我十分注重技能的教学和体能的发展,注重学生终身体育能力的培养。

卫燕萍:从您的专业成长经历来说,您认为大致分为哪几个阶段?能具体说明一下吗?

蒋玉红:大致分为三个阶段吧!第一阶段是榜样模仿、目标引领阶段;第二阶段是不断学习、实践提升教学科研水平阶段;第三阶段是形成教学风格、专业运用和发挥阶段。

一开始,我以周边的同事为榜样,观察、模仿、学习、思考。随后,在不断的学习和实践过程中,我慢慢有了成功感,尤其通过打磨,在科研论文、教学比赛等方面屡屡获奖,习得了良好的专业技能与规范,自身价值得到了体现,能力也得到了提升。到后来,随着自己的不断反思和梳理,也就逐步有了自己的风格和主张。

卫燕萍:您认为,教师发展有规律吗?普通教师成长为优秀教师需要怎么做?

蒋玉红:人的发展是遵循规律的,所以教师发展必定是有规律可循的。

普通教师成长为优秀教师,我想在目标明确的前提下,能不断学习、不断实践、不断反思,定会有所收获。

有专家说,"三流的教师讲知识,二流的教师讲方法,一流的教师讲基本思想和方法产生的过程"。我想,要成为优秀的教师,首先要不断学习、实践,这个学习可以是向身边的同事、向书本、向专家学习,这个实践就是不断地反思,不断地研究。"工欲善其事,必先利其器",只有自身具备了知识和技能,掌握了科学的方法,才能提高教学效能,也才能成为一流的优秀教师。

卫燕萍:您认为当前阻碍教师发展的因素主要有哪些?为什么?

蒋玉红:我认为,对教学工作的缺乏兴趣、专业理念和目标不明确、缺少责任心、考评机制不够完善等是当前阻碍教师发展的主要因素。

一方面,教师对于教学工作的兴趣和理想价值观及认同感是支持教师发展的原动力,如果教师不能从教学中体会到乐趣,那么很容易对教学丧失热情,从而敷衍了事,不求有功,但求无过。

另一方面,俗话说得好,教师工作是"良心活",而现在对"出工不出力,出力不出活"的人与"出力出活,不求回报"的人在一定程度上没有太多的奖惩区别,从而导致一部分老师责任心不强,一部分老师成就感弱,这些同样是阻碍教师发展的因素。

卫燕萍:您认为如何才能构建有利于教师专业发展的环境?

蒋玉红:我认为可以从以下几个方面来构建:

一要营造尊师重教的氛围。记得吴志翔《为教师声辩》一书中有这么一句话:"一个对教师缺乏起码尊重甚至以亵渎教师为乐的民族是没有希望的。"他写道:"教师,作为最基本知识的传播者和普及者,作为一个时代恒定价值的守护者,作为矢志于将文明薪火相传的布道者,却必须要在光怪陆离中保持一份朴素,在浮躁、怪异甚至乖戾的媒体文化的包围中坚持一种自信和从容。"因此,我认为,教育主管部门要通过多种渠道宣传教育,宣传教师。

二要完善教师培训与考核机制。成立专门的教师培训机构或教师培训学校,通过各级各类培训,实现平等对话与交流,提升对教师教育价值的认同感。记得2009年在加拿大培训时,了解到加拿大安大略省对不合格的教师有两种处理方法,第一种开除的是触犯法律的,第二种辞退的是在教学方面实在没有能力的。而对在教学中没有能力的这类教师,安省的做法是给这类老师很多的培训机会来提高他们的能力。如校长教学评估后某位老师不合格,则校长在15天之内会再对他进行第二次评估,在这15天之内,校长会提供很多帮助,如职业学习、到别的学校或班级进行参观,或制订一个具体的计划等。如果这次评估合格的话就万事大吉,他可以过5年再进行评估。如果第二次评估再不合格,就安排他再学习120天,在这期间,会有一个很具体的计划,让他知道哪方面要提高,也会利用学习小组对他进行帮助,如共同备课,拿出同一年级学生的作业集体批改或阅卷,分析评分的标准等。如果在120天后评估还是不合格,那就有可能被开除。当然这样的老师很少很少,他们的宗旨是当一个老师不合格时,应该用具体的措施去帮助他。

三要加强校本研修。每一所学校都有不同,不管是文化底蕴也好,生源结构也好,还是办学目标也好,各有各的特点,所以如何让每一个教师都能人尽其才,得到最好的发展,从而让每一个学生都能得到最好的发展,最有效的途径之一是结合学校实际加强校本研修。